熟年女性は
ここまで欲しい

# 終(つい)の快(け)楽(らく)

工藤美代子

世界文化社

終の快楽

目次

# 第一話　恋はいつまで

ちょうど日本の元号が新しく令和に変わった頃からだろうか。同世代の知人や友人から奇妙な人生相談を持ち掛けられるようになった。

もともと私はそれほど顔が広いわけではない。特に裕福な知り合いも著名人の友人もいないが、長い付き合いの女友達はけっこう多い方だ。人によっては、知り合ってから半世紀以上がたつ。離婚した人、大病を克服した人、孫の成長が生き甲斐の人など、さまざまだ。

しかし、「とにかく、つつがなく後10年は生きて、周囲に迷惑を掛けないで死にたいわね」という言葉をいつも交わしていた。まるで、それが別れる時の挨拶の決まり文句であるかのように。

たとえ子供がいても介護をしてもらうつもりはない。夫を見送ったら老人ホームに入居したいと、ほとんどの人が言う。そのためには、いくら資金を用意するかが、私たちにとっての最大の関心事だった。

ところがここ2、3年ほど、いささか毛色の変わった話題が行き交うようになった。

友人たちは私のことをさまざまなあだ名で呼ぶ。「工藤薬局」と言われるのは、自分が身体が弱いのでしょっちゅう薬のお世話になる、すると、どんな時に何の薬を服用したら良いかに詳しくなる。その上災害に備えて常に薬を備蓄しているのでパッと薬を出してあげるから無料の薬局というわけだ。

あるいは「お見合いバアサン」と呼ぶ口の悪い友達もいる。これは単にお見合いのお世話をよくするためだ。「よろず屋さん」と言われるのは、何でも相談しやすいかららしい。コロナが跋扈(ばっこ)するようになって以来、外出もままならない友人からの身の上相談がやたらと増えた。私はもともとお節介だし、他人の話を聞くのは大好きだから、電話で長時間話し込んでもさして苦にならない。

だが、いつ頃からとははっきり言えないが、コロナ以降の身の上相談はガラリとその内容が変わった。過激になった。赤裸々になった。かつてない生々しい話になったと書けば理解して頂けるだろうか。そう、つまりセックスが中心なのである。

ヒロミさんが、慌てた調子で電話をくれたのは昨年のお正月だった。三が日が明けた頃だったと思う。

「ごめんなさい。おめでたい時に電話しちゃって悪いんだけど、サヨ子がね、大晦日に自殺しようとしたのよ」

「えっ?」と叫んだきり私は絶句した。サヨ子さんはヒロミさんの妹で、たしか75歳のはずだ。あそこは姉妹が年子で、お姉さんが76歳。

サヨ子さんには私も会ったことがある。ずいぶん前に一緒に京都へ旅行した。八千草薫さんの若い頃のような清楚な感じの人だった。黒のビロードのコートがよく似合っていた。

「それがね、大晦日の夜にね、紅白歌合戦が終わってから、いくら私がサヨ子に電話しても出ないのよ。変だなと思っていたら、あの子と親しい歯医者さんから電話が掛かって来て、やっぱり電話に出ないって心配しているの。もう仕方ないから私がサヨ子のマンションに行ったわけ。

いいえ、違うのよ。死んでたわけじゃないの。それは大丈夫だったのよ。でもね、遺書がベッドのところに置いてあって、私はぞっとしたわよ」

サヨ子さんの旦那さんは3年くらい前に他界している。子供はいなかったが、経済的な不安がないように遺産はしっかり残してくれていた。

それでも、夫に先立たれた後の1年間ほどのサヨ子さんは気の毒だった。「私もあの人の後を追って死ぬ」という電話がしょっちゅうヒロミさんのところに掛かってくるのだ。その度にヒロミさんは妹のもとへ駆け付けてなだめすかしていた。

だから、長引くコロナ禍で独居の寂しさに耐えかねたサヨ子さんがついに大晦日に自殺を図ったのかと私は思った。だがよく経緯を聞いてみると、そんなシンプルな筋立てではなかった。

「ねえ、森田先生の話は工藤さんにしてなかったっけ？　あ、してないわよね。じゃそこから説明する」

と言って、ヒロミさんは話し始めた。それはまさに立て板に水の勢いだった。

驚く私が変なのかもしれないが、サヨ子さんは旦那さんが亡くなって1年くらいですぐに恋人が出来たのだそうだ。相手は亡き旦那さんが通っていた歯科医院の森田先生だった。彼女より5歳ほど年下。ヒロミさんはある時、銀座でぴったりと寄り添うように歩いている妹と森田先生の姿を見た。普通の仲ではないとすぐに察した。

ヒロミさんの家にはご主人と男の子が二人いる。40歳を過ぎた息子たちは結婚しようとしない。同居したまま、それぞれ勝手に暮らしている。別に特に大きな問題はないようだ。

森田先生の存在を知ってから、ヒロミさんはあまり妹の家へ行かなくなった。サヨ子さんが問わず語りに明かしたところでは、森田先生には妻子がいる。彼の家では会えないから、どうしたってサヨ子さんの家に先生が通って来るとのこと。「あの年でラヴホもねえ」とヒロミさんが笑った。

とにかく大人同士の恋愛なので、余計な口出しはするまいとヒロミさんは決めていた。妹は年上だし、略奪結婚しようなんて大胆なことは考えない女だと思っていた。ところが半年ほど前から二人の関係は暗礁に乗り上げたらしい。よくある例だが、彼の家族がサヨ子さんの存在に気づいたのだ。先生の妻はサヨ子さんが自分より10歳も年上なのにショックを受けた。どんなゴタゴタがあったのか詳しいことはわからないのだが、彼の妻は突発性難聴になって、家事もままならない身になった。まだ末娘は嫁入り前だし、サヨ子さんと手を切る以外にないと先生は腹を決めた。

　そこで、サヨ子さんと先生の間がこじれた様子は想像がつく。こういう時は年齢など関係ない。嫉妬は嫉妬だし、怒りは怒りだ。サヨ子さんは攻撃的ではないが感情の起伏が激しい人だ。

　一方、先生の奥さんは夫に告げたそうだ。きれいに別れてくれたら、それだけで良い。もうこの話はなかったことにしましょうと。つまり、すべて恕(ゆる)すということだ。

「うん、それはけっこう出来た奥さんじゃないかしら」と私が思わず感想をもらすと「でしょ、私もそう感じた。一度もサヨ子のところに怒鳴り込んだりもしないし、旦那を責め立てたりもしなかったんですって」

　サヨ子さんは小柄で痩せていて、声も弱々しい。嫋(たお)やかで女性らしいのだ。だから、別れ話を切り出せば、きっと静かに受け入れてくれると先生は思ったのだろう。一方、先生の妻はしっかり者で何があっても動じない。夫を全力で守ろうと決めている。そのための理論武装も鮮やかだ。つまりは肝が据わった女性。

　ところが、先生が見逃していたサヨ子さんの特性が一つあった。これは私はすでに気づいていたのだが、彼女は情緒過多の気味がある。限りなく優しい人だけど、自分にも優しい。サヨ子さんの旦那さんが亡くなった時、葬儀に参列した私は、泣き崩れて腕をヒロミさんにようやく支えられて立つ彼女の姿を見てふと思った。もし自分の夫が突然病死したらどうだろう。悲しいし泣くかもしれないが、とにかく喪主としての務めをきちんと果さなければと考えるのが先だろう。悲嘆にくれるのはその後だ。サヨ子さんは可愛い女性だが、やや幼いまま年を取ったのではないか。

ヒロミさんは話を続ける。

「まったくサヨ子はバカなのよ。私はね、あれは狂言自殺だってわかっていたわ。だってあたね、精神安定剤を10錠飲んだっていうんじゃない。10錠でなんか人間は死ねないでしょ。それなのに遺書を書いて、わざわざ美容院も行って、買ったばかりのワンピース着て、ベッドに横たわっていたのよ。あれは演出よ」

暮れの忙しい時に迷惑を掛けられたヒロミさんの怒りは止まらない。私ははっと気がついて森田先生はどうしたのかと聞いた。狂言だろうと本気だろうと、彼が騒動の原因であることは間違いない。

すると、さすがに気が咎めたのか、先生も元日の朝にサヨ子さんの家に駆け付けたと言う。実はその前にヒロミさんは「驚愕の事実」を知ってしまっていた。この表現は大袈裟かもしれないが、私もそれを聞いた時は驚いた。

服用したのが軽い精神安定剤10錠とわかって、ヒロミさんは救急車を呼ぶのを止めた。寝かせておけば問題ないと判断した。いくらなんでも75歳の妹が恋愛沙汰で自殺未遂を起こしたなんて、みっともなくて世間に知られたくない。自分の家族にも知らせたくなかった。

妹の遺書は簡単なことしか書いてなかった。「皆さんお世話になりました。私は死にます」とあっただけ。ヒロミさんは必死になってサヨ子さんを揺り起こして、何を飲んだのか？　と問い詰めると、朦朧とした声で薬の名前を言った。それなら死なないと安心したのだが、1年くらいたった頃に「あれね、実は6錠飲んだだけだったの」とサヨ子さんが白状したそうだ。呆れ果てて言葉も出なかったと、ヒロミさんはまた怒って私に電話して来たことがあった。

とにかく、その晩、ヒロミさんは妹のマンションに泊まった。かけ布団だけ借りてソファに寝るつもりで洗面所に顔を洗いに行った。何気なく棚の上にきれいに畳まれている洗濯物を見た。その瞬間、とてつもなく派手な色がヒロミさんの眼を射たのである。赤、黒、ピンク、オレンジ、など。

「ねえ、あなた、サヨ子はもう75よ。森田先生と何かあったたって言ったたって、茶飲み友達に毛が生えた程度のものだと思っていたのよ。先生が疲れた時にちょっと立ち寄る憩いの場くらいのものだと。それがね、驚いたじゃないの。私はあんな下着見たことがないわよ。派手派手の色でね、広げてみたら、パンティーやブラジャーのあちこちに穴が空いているの。破けたんじゃなくて丸い穴が空いたのを売ってるらしい。え？　そんなこと聞かれたってわかんないけど、つまり大事な部分っていうか隠す部分の布がないのよ。知らないわよ、どこで売っているかなんて。あなたネットで調べてみてよ。とにかくサヨ子が買うはずはないのよね。それと男物のパンツと靴下が4、5枚あったかな。ということは、先生が泊まったりもしてたんじゃない」

まさか、75歳の妹がこんな下着を身につけて先生と戯（たわむ）れていたのかと考えると、ヒロミさんはショックで呆然とした。

余談だが、ヒロミさんに頼まれた私は、その後さっそくネットで女性の下着を検索してみたが、当り前の商品しかヒットしない。そこで女性 下着 過激と入れてみた。これなら穴空きの下着が出て来るかと期待したが、Tバックとかシースルーとか、そこそこセクシーな下着を着たお姉さんの写真は並んでいるが、すべて週刊誌のグラビアに載っているような既視感のある下着ばかりだ。どうも、サヨ子さんが持っていたのは特殊なマニア向けの店でしか買えないものなのかもしれない。あるいは私の検索の仕方がうまくなかったのだろう。

翌朝になって、ヒロミさんはサヨ子さんのマンションに現れた森田先生と対面した。狂言自殺であることは先生も承知していたようだ。黙ってケバケバしい色彩の下着と先生の私物を畳んでヒロミさんはテーブルの上に置いた。

「いやあ、お姉さんにお恥ずかしいものをお目に掛けまして」と先生は頭を下げるだけだった。一見すると普通の人である。サヨ子さんは寝室に閉じ籠って出て来なかった。もう二度と妹と関わり合いを持たないでくれと言うと、先生は大きくうなずいて、慌てて下着類をエコバッグにつっ込んで帰って行った。

もともと別れたいと思っていたのは先生の方なのだから、言われなくても二度とは来ないだろう。せめてサヨ子さんに一目会わせてくれとも懇願しなかった。

ヒロミさんが感じたのと同じ衝撃を実は私も感じていた。75歳の女性が、そこまで羽目を外すことなど考えてもみなかったからだ。新しい恋愛に踏み込むのですら想定外なのに、アクティヴな性行為にのめり込んでいたという事実をどう捉えたら良いのだろうか。

確かに今の70代、80代の女性は若々しい。熟年と呼ぶのはかまわないが、老女とは形容し難いほど健康で潑剌としている。最近はリアルタイムで恋愛中の女性から相談を受けることが増えた。悩んでいると言うよりは、自身がまだ現役の女性であることを自慢したいような感じだ。あるいは、共通の知人を名指しして、あの人まだ男関係が絶えないんだってと馬鹿にする悪口も聞く。

そこへサヨ子さんの事件が起きて、妙な思いが降って湧いた。ああ、そうか、そういうことかもしれないと。

75歳の彼女が男性の心を繫ぎとめようとしてやらかした自殺未遂は褒められた行為ではない。姉のヒロミさんまで巻き込んで迷惑な話だ。だいたい、そんなことをしたって相手の気持ちが戻って来ないことくらい、普通の女性は知っている。まして不倫関係なら尚更だ。

それと同時に、サヨ子さんにとっては性生活がかなりの比重を占めていたのかと思うと唖然とした。正直に言うと、まず恥ずかしい。常日頃、私は持論のように述べていた。セックスとはお互いの了解があって、他人に迷惑を掛けず、命に関わらないのなら、別にどんな嗜好があったとしてもそれは当人同士の自由だろうと。頭ではそう理解していても、シルバー世代の性については、まったく興味もなかったし、きわめて特別な一部の人たちの関心事だと決め付けていた。

しかし、サヨ子さんの一件以来、私は自分の勘違いに気づいた。そうか、人生百年時代とはよく言ったものである。昔は人生五十年と謳われたが、今はその2倍の歳月を生きることが可能だ。女性は閉経してから、さらに半世紀になんなんとする日々を女性という姿を保って社会と接する。その過程で恋愛を経験するのは当り前のことなのだ。だが、恋愛にセックスが伴う場合、女性たちの困惑や懊悩（おうのう）は深いのではないだろうか。

気がついてみれば、私は、このところシニア世代の女性たちからの恋愛に関する悩みをよく聞かされる。それでも、一般には高齢者の性が認知されているとは言い難い。つまり、まだ社会の表面には浮上していないのである。つい20年ほど前には更年期の女性の性生活の問題が取り上げられることも少なかった。しかし、今では普通に語られている。特に偏見を持っている人はいなくなった。

一方70代以降の女性の性生活に関しては、その実情に特化した解説書もあまり見ない。正解を教えてくれる先生がいるかどうかもわからない。個人がそれぞれに模索しているのが現状だろう。私もつい2、3年前までは、まったく問題意識を抱かなかった。

だが、時代の流れは激しく変容している。冷ややかに蔑視する世間の目を恐れて、シニア世代が恋愛やセックスをあきらめる時代は確実に終わったと感じる。

社会に向かって声高に叫ぶのではない。ただ、女性たちが自分の求める自由を得るために、静かに歩み始めた足音を、私はこれからしっかりと傾聴して、書き留めておきたいと思う。

# 第二話　彼女は恋におちいった

この頃は自分の過去を振り返ってみる時間が多くなった。コロナ禍であまり外出が出来ないせいもあるのだろう。

パソコンの前で煎茶をすすりながらよく思う。七十有余年にわたるわが人生は、ついに男の人にもてたことがなく終わるのかと。とにかく、ある日、素敵な男性が現れて食事に誘ってくれて、ダイヤの指輪と共にプロポーズされるなんていう、夢のような出来事は一度もなかった。女友達の中には、ニューヨークでボーイフレンドと初めて一夜を過ごした翌朝に、彼が住むマンハッタンのエルメスに一緒に行って、ケリーをプレゼントされた人がいる。その話を聞いた時は、もてる女性とはこういうものかと感心した。

私の場合は、なんといっても容姿がマイナス要因になるのはよく承知しているが、さらに言うなら、ケチな性格も男性を遠ざけた理由かもしれない。

今は亡き作家の森瑤子さんと、ある時期親しかった。ほんの5、6年の間だ。そして彼女は病魔に侵されてこの世を去ってしまった。よく彼女とたわいない話をした。

あれは表参道から銀座に向かうタクシーの中だったと記憶している。

「ねえ森さん、パンティーのゴムって取り替えたらまたはけるんですね」と私が突拍子もないことを口にした。当時の森さんは年収2億円と噂されるほど売れまくっていた。私はといえば、せいぜいその100分の1くらいしか稼いでいなかった。お金がないので古いパンティーのゴムを取り替えてみたら、問題なく普通にはけたことに喜んでいた。

「何を言ってるのよ。あなたね、パンティーってさ、何度も洗濯したらダメなのよ。ゴムなんて取り替えるのやめてよ。パンティーは4回はいたら捨てるもの」

その言葉に私は仰天した。すごい、4回はいたらもう捨てるのか。え、でも何のため？　下着だから、絶対に外からは見えないはずだ。勿体ないじゃないか。

もちろん、今ならわかる。彼女は男性の視線にパンティーが晒される場面を想定して、4回で捨てろとアドバイスしてくれたのだ。だが、当時の私は意味がわからず、曖昧に笑ったまま次の話題に移った。

「ほらこの前話していたテレビ局の人ですけど、デートの約束に1時間も遅れるし、嘘か本当かわからないけど、お財布を忘れて来たって言うんですよ。私がお茶代は払ったけど、もう会いません。そういう男って大嫌い」

忌々しそうに私が文句を並べると、森さんが「あら、なんで？」と私の方を向いて尋ねた。大きな瞳が不思議そうに瞬きしている。そして、私が答える前に彼女が喋り始めた。

「待ち合わせの場所に来るのが遅かったら待っててあげればいいじゃない。本でも読みながら。私は全然平気よ。ああ、何かあって遅れているんだなって思って、1時間でも2時間でも待っててあげるわ。お茶代？　そんなの払ってあげてもかまわない。ケチなこと言わないでご馳走してあげなさいよ」

彼女のこの言葉が私にはとても理不尽に聞こえた。男たるもの女性にデートの費用を払わせようなんて最低の根性だ。まして約束の時間に平気で遅れるとは信じ難い行為。こっちだって忙しい時間を遣り繰りして来ているのだ。私の時間やお金を無駄にしないで欲しい。とまあ基本的にいつもこういう姿勢で生きて来た。

しかし、待てよと思ったのは、ついこの間のこと。いや、よく考えたら半年くらい前の話だ。ミエさんという女性に出会ってからだ。

ところで、先に読者の皆様にお断りしておかなければならないことがある。ここに登場するシニア女性は全員が本名ではない。年齢も2、3歳くらい違っているし職業も変えてある。つまり身元が特定出来ないように書いている。それ以外はすべて実際に起きた真実だ。創作は一切加えていない。登場人物のプライバシーを守るための操作をさせてもらっているだけだ。

さて、ミエさんについてである。友人の久枝さんからぜひ会ってくれと頼まれた。久枝さんは76歳でミエさんは82歳。二人とも、現在は独身だ。ぽっちゃりした顔立ちで、やや太り気味のミエさんは、穏やかな雰囲気を全体にまとっている。一方、久枝さんは私とは長い付き合いで気心が知れている。下町で生まれ育ったので気っ風がいい。今でも、お祭りがあったら御神輿を担ぎそうなタイプだ。喧嘩をすることもあるが、私も彼女も根に持たないので、すぐに仲直りする。

ミエさんが自分の生まれ故郷である川越の話をしていたら「ほら木村さんのこと工藤さんに話してみたらどう」とやや強い調子で久枝さんが促した。

ミエさんが「ああ、そうそう、そうよね」と慌ててうなずく。

それが恋愛についてであることは、事前に久枝さんから聞いて知っていた。友人が男の人との関係で悩んでいるので相談に乗って欲しいと頼まれていたのだ。しかし、一見するとミエさんは色恋とは無縁に見える。年齢相応の落ち着きがあり、服装もきわめて地味なベージュのワンピースを着ている。失礼は承知でいうと、この人がたとえ洋服を脱ぎ捨てて全裸になっても興奮する男性がいるとは思えない。もちろん経済力、性格、二人が共有する過去の思い出などがあって、セックスをするのなら理解できる。

「もう私の気持ちは決まっているんですけど、この人が反対するもんだから」とミエさんが久枝さんを指差す。ああ、結婚するつもりなのかなと私は思った。高齢者の結婚に関しての相談は何度もされたことがある。たいがいは財産の問題か、それに付随して子供たちが口を出すといったトラブルが多い。

でも、話を聞いているうちに、そうではないとすぐに気づいた。

簡単に言うと彼女は恋におちいったのである。相手の男性とは2年前に趣味のサークルで出逢った。そのサークルで月に2回ほど老人たちが集まっている。これ以上詳しくは書けないが、とにかく音楽好きなご隠居さんたちの集いといったところらしい。メンバーは男性が9人に女性が15人くらいいる。その中で、群を抜いてハンサムで格好いいのが木村さんだと、ミエさんは断言する。

長身に白髪で、常にジャケットを着ている。もう定年退職した男の人はカジュアルな装いが多いが、木村さんはそういう「だらしのない格好はしていない」のだそうだ。年齢はミエさんと同じ82歳。確かに80歳を過ぎた男の人で服装を気にかける人は少ないだろう。私の夫は80歳だが、黙っていれば家では一年中でも同じスウェットの上下を着ている。どうもあれこれ選んで着るのが面倒くさいらしい。

しかし、木村さんはアスコットタイを首に巻いたり、ポケットから絹のチーフをのぞかせたり、身なりに気を配っている。だからサークルの女性たちは全員が木村さんの一挙手一投足に目を凝らしている。女性たちといっても一番若い人でも77歳で、最年長は89歳なのだが、彼女たちの間では彼はアイドルだ。

「でもね、あの人は私に夢中なんですよ」と言うミエさんの声のトーンが高くなった。それはそうだろう。数多（あまた）ひかえる女性たちには目もくれず、自分に恋している男性がいたら私だって得意な気分になる。

ある日、ミエさんが帰宅する時に木村さんと方向が一緒になった。チャンスだと思ったミエさんが自分の家に寄ってお茶でもいかがですか？　と誘ったら躊躇せずについて来た。そこで、お茶を出しながらミエさんの方から告白したという。

小さな笑みを浮かべて喋っていたミエさんが、この後、突然のように木村さんとのベッドシーンについて語り出したのには驚いた。後から久枝さんに聞いたところ別に驚くことではないそうだ。木村さんの名前が出ると、ミエさんは滔々（とうとう）と二人の親密さについて話さないと気がすまないらしい。

変な表現だが、人間も80歳を過ぎたら、犯罪やヘイトスピーチ、ハラスメントでもない限り、何を喋っても許されるのだろう。もちろん喋る相手は選ぶけれど、自分の味方だとわかったらセックスについて語るのはタブーではないということか。

しかし、ミエさんの言葉をここにそのまま再現することは出来ない。正直に言って、私が恥ずかしいのである。したがって、ここでは私の判断で取捨選択しながら、彼女の語った内容を要約してみたい。

彼女はマンションに一人暮らしである。1LDKだから、寝室は別にあるのだが、居間の長椅子の上で木村さんはミエさんを抱きしめた。それからは木村さんがすべて主導した。この後の進行についても今でも、順番が決まっているそうだ。まず、木村さんはミエさんの肩をそっと抱き寄せ耳元に口を寄せて小さな声で囁く。

「あなたのことが初めから好きだったんだ」「ずっと気になっていたから、夢みたいだよ」といった賛美を何度も繰り返す。最近は「あなたは美しい。素敵だ」と感嘆したように言う。ミエさんは照れくさくなる。

どうやら、木村さんは甘い言葉をシャワーのように浴びせる人のようだ。それは、かなりシニアの女性の扱いに慣れている証拠ではないかと、私はつい勘ぐってしまうが、ミエさんは素直に彼の言葉に感激している。

そして、まるで壊れやすいものにでも触れるように、そっと遠慮がちにミエさんの胸の愛撫を始める。

年齢が年齢なので、もしも若い人のように、一直線に迫られたら困るとミエさんも初めは心配だった。

「あの人は全部わかっているの。つまりね、思いやりがあって優しい人なのよ。それにあんまり女性経験もないんですって。だからほら、手つきがオドオドしているの」

満足そうに微笑むミエさんを見ていると、まさか彼の言葉を全部信じているのですかと問いたくなるけれど我慢した。

「今まで80年以上生きて来たけど、あなたみたいに相性の良い女性は初めてだ。やっと男としての満足を知った」と木村さんは必ず決めゼリフを発するらしい。

私は、しみじみと自分の想像力の貧しさを思いやった。だいたいセックスなんてお互いに全裸になって、のびのびとやるものではないか。運動ではないと言われそうだが、日常のしがらみから解き放たれて、せいせいとゆっくりするものだと思っていた。しかし、ミエさんの話を聞いていると、なんだかミニサンドイッチをちょこっとつまんで、小腹を満たす動作みたいな感じがしてくる。

つまり木村さんは口が達者だけれど、実際に情熱的なことを何かしているかと言うと、どうもそうではない。射精もしないし、それどころか挿入もしない。彼の取柄は丁寧なこと。しかし、お互いに着衣はそのままで、ただミエさんの胸元をはだけるだけと言うのだから、相性なんていう言葉がどこから出てくるのかわからない。私には、なんともいえない手抜き感が漂っているように聞こえる。

でも、ミエさんは「私たちって本当に愛し合っているから、あそこまでいけるんだわ。すごいことよ。そうでしょ、わかるかしら?」と尋ねる。

同意を求められて、「はあー、確かに」と私はうなずいてみせたが、どこの何がすごいのかよくわからない。しかし、ミエさんの誇らしげな表情を見ていると、確かにこれは彼女にとっては稀有な体験だったのだと察しがつく。つい、それって省エネじゃないのかと勘ぐりたい気持ちが湧いて来る。つまりなるべく自分は体力を消耗しないですむように、木村さんは考えて行動しているのではないか。いや、これはあまりにも意地悪な見方だろうか。

そう思い直していたら、久枝さんが口を挟んだ。

「あのね、木村さんは最後に強くミエさんの乳首をつまんでくれるんですって。それでいっちゃうのよね」

「あら、1回だけじゃないわよ。何度も私がいくまで繰り返しつまんだり引っぱったりするの。すごく上手いの」

ミエさんの表情は恍惚としていた。それに水を差すように久枝さんが話題を変えた。

「あなた、昨日もまた、あのお寿司屋さんに行ったの？」

「ええ」とミエさんが急に低くなった声で答える。「まったく、もうやめたらいいじゃない。その後はコーヒー屋さんでしょ？」とまるで詰問する調子である。

どうやら久枝さんは怒っている。なぜかというと、木村さんとデートをすると、必ず彼はお寿司とかステーキとか高いものを食べたがる。そして絶対に自分は払わない。いつもミエさんがご馳走するのだ。しかも、久枝さんによると、ミエさんは年金で細々と暮らしている。子供もいない。年金は月に15万円くらいだそうだ。それなのに木村さんと会いたいばっかりに、月に5万円ほどは使ってしまう。クリスマスやお誕生日など特別な日には一日で2、3万円かかることもあるらしい。当然、年金だけでは足りなくなる。だから今まで貯めてあった2000万円の定期を解約しようかとミエさんに相談された。それだけはやめた方がいいというのが、久枝さんの意見だった。

「ねえ、工藤さん、そうでしょ？　何でもかんでも、この人に払わせるのってどうかと思うし、この先認知症になるかもしれないんだから、定期だけは取っておきなさいよって言ってるのに、この人は聞かないんだもの」

久枝さんは親身になって心配している。ミエさんも不安は感じているらしい。木村さんの家に彼女は行ったことがない。わかっているのは彼が独身ということだけ。

正直に言うと、私は木村さんに腹が立っていた。なんだってミエさんに食事をたかったりするのか。なんとケチな男だろう。可哀想にミエさんは、なけなしの最後の財産である2000万円を取り崩そうとしている。

「私はちょっと木村さんって変だと思う。普通はそんなに女性にばかりお金を使わせないものでしょ。お考えになった方がいいですよ。もし別れたくないのなら、一度お二人で話し合って、これからはせめて割り勘にしないかとご提案なさったらどうですか？　人生はまだこの先長いのだし、病気になった時のことだって考えておかなければ」というのが、私のアドバイスだった。「女に頼っているような男は、私だったら即刻別れますよ」と言いたかったけど、さすがに失礼だから遠慮した。

するとミエさんが私の顔を正面から見据えて、キリリとした声で言い放った。

「そんなの無理です。最後のお金がなくなるまで、あの人とは別れません。だって、あの人は指一本で私をいかせてくれるんですよ。お金が何だって言うんですか」

怒ったミエさんは突然、椅子から立って帰ってしまったのである。私も久枝さんも、ただ呆然としていた。久枝さんは「あんな馬鹿な人とは思わなかった」と憤慨していたが、私はふと森瑤子さんの大きな瞳を思い出した。「いいじゃない、ご馳走してあげたら」という彼女の声が聞こえたような気がしたのだ。何でもかんでも理詰めでケチなことばかり言っていたから、私は男にもてなかったんじゃないか。でも男女の仲ってそんなに単純には割り切れないと森さんは知っていたのか。私は久枝さんに聞こえないように小さく深いため息をついたのだった。

# 第三話

## 離婚後の彼女の人生

何が大切かといったら、それは女同士の友情だろう。サヤカさんが帰った後で、しみじみと思った。

彼女は私と同じ72歳だ。うちの近所の整形外科に通っているので、時々ふらりと立ち寄ってくれる。旦那さんはサラリーマンだったが、もう定年。娘と息子も結婚して孫が4人。育ったのは田園調布で、有名女子校に中学から大学まで通った。いかにもハイソな主婦という感じがする。しかし、彼女自身は特にそれを鼻にかけたりはしない。自然に品の良い優しさが滲み出ている。

「前にお話ししたわよね、高校の同級生だった内藤さんのこと」

「ああ、あの人。急に行方不明になったお友達でしょ」

私は、サヤカさんが、その内藤さんという友人と連絡が取れなくなったと心配しているのを聞いた覚えがある。サヤカさんは三人姉妹の長女なので、どこかお姉さんっぽい。私のこともなにかと気に掛けて、手作りの野菜サラダとか煮物などを持って来てくれる。

さて、行方不明のその内藤さんだが、裕福な家庭の一人娘で、暮らしぶりは若い頃から派手だった。ところが8年ほど前に両親が相次いで他界すると、彼女の夫が離婚を申し立てた。莫大な遺産を相続した直後だったので、内藤さんは気が大きくなったのか、簡単に離婚に同意した。夫婦の間に子供はいなかった。

サヤカさんは内藤さんの性格をよく知っている。なにしろ60年来の付き合いだ。彼女が離婚した当初から、私に不安を口走っていた。「あの人ね、お金の管理なんかを出来ない女なの。だから友達の私たちが結束して、彼女を見守ってあげないとダメ」

なんと深い友情かと私は感心した。

この時、私もサヤカさんも64、65歳だったはず。人生におけるだいたいの困難、挫折、忍耐の時期を通過して、そろそろ終着駅の手前くらいに立っている。連れ合いや子供の欠点をいくらこぼしても、今さら離婚なんてする度胸はないし子供も見捨てられない。愚痴を体内にぎゅっと畳み込んで、このまま墓場まで持って行こうと腹をくくる年齢になっていた。

「だってね、内藤さんは親御さんが亡くなって、15億円もの遺産を相続したのよ。すごいでしょ。それなのに、相続税はろくに払ってないって平気な顔をしてる。でもしつこく聞いたら、2000万円だけは納入したとしぶしぶ白状したけど、あり得ない話でしょ」

幸い追徴課税は来なかったらしいが、莫大な現金を手にした内藤さんの日常は激変した。まるで雪崩のように常識を覆す行動に出始めたのである。

私は直接彼女に会ったことがない。でも、サヤカさんからしょっちゅう話を聞くので、けっこう自分と同年齢の内藤さんについては詳しくなっていた。

サヤカさんによると若い頃の内藤さんはきれいだった。すらりとした長身で、スタイル抜群、目鼻立ちもすっきりと整っていた。旦那さんが、お見合いの席で一目惚れして結婚が決まったくらいだ。

だが、40歳を過ぎた頃から、彼女は太り始めた。際限なく太って、異常なほどの肥満体になった。普通の市販の洋服ではサイズが合わないので、いつもウエストがゴムになっていて伸縮する素材のパンツに長めのチュニックを着ていた。友人たちとの食事会でも、料理が一人前では足らず、必ず何か追加を注文する。さらにビールをがぶ飲みして煙草をふかす。さすがにレストランで煙草を吸える時代ではなくなってきた。サヤカさんたちは彼女の健康を案じていつも禁煙、禁酒、ダイエットをアドバイスした。それでも、返って来るのは強気の言い訳ばかり。「私は定期的に主治医にチェックしてもらっているけど、どこも悪くないのよ」「肥満は遺伝だから仕方ないわ。ほら、私の両親は両方とも太っていたじゃない」「煙草はね、痩せたら止めるつもり。煙草吸っていると食欲がコントロールされて痩せられるから」などと、うそぶいていた。

さらに、サヤカさんが悔やむのは、内藤さんが離婚した翌年には、もう大邸宅を買ってしまったのを止められなかったことだ。年を取って独居とわかっていたら、小ぢんまりしたマンションを考えるのが普通だろう。ところが、彼女はあっという間に戸建ての4ＬＤＫの家を購入した。それは世田谷の奥沢にある3億円の建売り住宅だった。不経済だし維持費もかかるだろうというのが、堅実なサヤカさんの見立てだった。

新居のお披露目の時に、友人たちは揃って大豪邸を訪ねた。中庭があり、建物が260平米と聞いて全員が目を丸くした。家具は内藤さんがパリまで買いに行って集めたアンティークだったそうだ。

「私ね、今まで誰にも言ってなかったけど本当は美術品の売買に関してはプロなのよ」と内藤さんが口走るのに友人たちは絶句した。これまで彼女がそんな商売をしていたなんて話は聞いたことがない。ポカンとしている同級生をしり目にさらに喋り続けた。

「ねえねえ、誰かセザンヌの絵を買いたいっていう人知らない？　実はスイスの知り合いにセザンヌの絵を売って欲しいって頼まれちゃったの。でも、内密に買って欲しいのよ。つまりね、税金の関係とかあるから、売主がセザンヌを個人で買ってくれる人をみつけたいっていう希望なの。領収書がいらない人ってことね」

そんないかがわしい話はないと思ったサヤカさんは、すぐに意見したそうだ。

「あなたね、今の時代にセザンヌの絵をポケットマネーでぽんと買える人なんてそうはいないわよ。職種によって絵画の購入は税金の控除の対象になる場合もあるし、会社で買うケースが多いと思う」

この時期は、すでに日本のバブル景気も終わっていた。内藤さんが名前の通った画商とか画廊の経営者なら話の持っていきようがあるかもしれないが、なんの実績もないオバサンが、はい、これがセザンヌですと現物を見せたとしても誰が信用するだろう。

あまりに非常識な内藤さんのホラ話に、サヤカさんは不吉な予感を抱いた。実際この予感は、どんどん的中していくこととなる。

新しい家で内藤さんは毎晩のようにパーティーを開いた。自分は世界的な美術商だと名乗って、たくさんの巨匠の画家と交流があるのだと自慢した。そしてプライベート・セクレタリーという名称の若い美青年を同席させ、用事があったらその青年に連絡してくれと言った。彼女が66歳くらいになった頃だ。

サヤカさんたちとの集まりにも秘書君を連れて来た。友人たちは、ただの気楽な世間話も出来ないで、「なんとも気ぶっせいな感じ」だったらしい。
3、4年ほどした頃に、イケメンの秘書君は消えた。その後にくっついたのは、漫画の「天才バカボン」に出てくるバカボンのお父さんに瓜二つの顔をした中年男性だった。どうもバカボン・パパは、内藤さんと同棲しているらしいと風の便りに聞いたサヤカさんは仰天した。もう内藤さんも70歳近いはずだ。それでも、内藤さんとバカボン・パパの目撃情報は次々と耳に入って来た。パーティーや展覧会に二人で現れるらしい。
「バカボン・パパって何歳くらいなの？」と私がサヤカさんに尋ねたら、「えーとね、秘書君よりはずいぶん年上だっていう話だけど、50歳にはなっていないんじゃない？　私の友達が、内藤さんの家に行った時に、バカボン・パパと鉢合わせしたんですって。なんか住み着いているような感じだったそうよ。それで、友人が『カレシなの？』ってそっと内藤さんに聞いたら、『あら、いやだ。仕事手伝ってもらっているだけよ』ってとぼけたそう。実は彼は所帯持ちで奥さんも子供もいるらしい。不動産の会社に勤めているんだって聞いたわ」とサヤカさんは声をひそめた。恋愛するのはかまわないけど、どうにも気に入らない様子だった。バカボン・パパを見た人は必ず「忘れられない変な人相」とか「バカボンのパパの方が性格は良さそう」といった感想をもらす。人を見掛けで決めてはいけないけれど、好感を抱く人はまずいないのだ。

そこに、あの事件が起きたのである。突然、内藤さんのかつての秘書君が、サヤカさんの携帯に電話をして来た。彼が秘書の仕事を辞めて、もう2年以上はたっているだろう。とにかくお会いしてご相談したいことがある、の一点張りなので、表参道の喫茶店に出向いた。なんとなく断れない雰囲気を彼の語気から感じたそうだ。

1時間半ほどお茶を飲みながら秘書君から聞いた「ご相談」の内容にサヤカさんは困惑した。簡単に言うと、秘書君は4年以上も内藤さんに雇われていたけれど、最後の1年間は給料が支払われなかった。「ごめんなさいね。来月必ず纏（まと）めて払うわ」と手を合わせるふりはするが、給料日が来ても入金されたためしがなかった。だから半年で辞めたいと告げると、今商談中のシャガールの絵が、もうすぐ売れるので、来月には払えるからと自信たっぷりに言い訳する。そんなこんなで無給の日々が1年も続いた。

しかし、それ以外にも秘書君が辞めようと決心した理由があった。こっちの方は金銭問題よりも深刻なのだとサヤカさんは憂鬱そうに首を振った。

「あの人ね、セクハラをしていたのよ」

「まさか！　あの年で」

私が思わず叫んだらサヤカさんに叱られた。「男の人だって、年寄りがセクハラしている例なんて山ほどあるじゃないの。セクハラってやる方にも、やられる方にも年齢制限はないと理解しなければ」

秘書君の告白によると、働き始めて2年後の夏に、汗をかいたまま内藤さんの家に行った。そうしたら、シャワーを浴びなさいとしつこくすすめられた。お手伝いさんはいなくて、二人きりなので「けっこうです」と固辞したら彼女は不機嫌な顔になった。

この日からだった。内藤さんは家に来た秘書君が帰る際に玄関まで送りに出ながら、彼のお尻を軽くポンポンと叩いて、それからさっと撫ぜるようになった。きちんと抗議も出来ずに我慢していると、さらにエスカレートした。外出の時は秘書君が内藤さんの所持する高級外車を運転することが多い。彼女はなぜか後部座席には座らず、助手席に座る。そして車がカーブを曲がる度に「あら」とか小さな声で叫んで、すっと手を左側に伸ばしてわざと彼の急所を掴む。その手を強引にはね除けるまで、いつまでもそこに置いたままにしていた。耐えかねた彼は内藤さんの手が置かれるのと同時に「やめて下さい」「触らないで下さい」とはっきり口に出すようになった。

ところで、秘書君の仕事は何かというと、勤務実態のようなものは、ほとんどなかったのだ。とにかく内藤さんがパーティーに行く際とか、誰かと会食する時にスーツを着て同席する。何か用事があったらプライベート・セクレタリーに連絡して下さいと内藤さんは必ず言う。でも、実際にはほとんど彼に掛かってくる電話はなかった。商談らしきものは皆無なのだから当然だった。つまりは見栄でイケメンの若い秘書を連れ歩いていたとしか思えない。

それでも、月給30万円という約束は約束だった。秘書君は相当怒っており、これから弁護士に相談して、給料未払いとセクハラで内藤さんを訴えるつもりだと、息巻いた。

まずいことになったとサヤカさんは思った。寝耳に水の事件だ。とっさにサヤカさんは一計を案じた。

秘書君の眼を見据えて彼女は問い質した。あなたの主張は正しいかもしれない。しかし雇用された時の正式な契約書はあるのか？　セクハラを受けたという証拠はあるのか？　と。すると、秘書君が契約書はない、いわゆる口約束だったと答えてから、しかし、セクハラの証拠はあると返して来た。さんざん股間を触られて、「やめて下さい」「そんなところを触らないで下さい」と自分が抗議する声と内藤さんの甲高い笑い声を録音しておいたのだという。今はスマホでも録音が可能なのはもはや常識なのだそうだ。

ここでサヤカさんは考えた。どう見ても悪いのは内藤さんだ。許される行為ではない。だが、秘書君の希望が何かと言えば、まずは未払いの給料をもらうことだろう。

1年分なら360万円になる。それが払えないのは、今の内藤さんが金銭的にかなり追い詰められているからに違いない。サヤカさんは賭けに出た。自分が必ず説得するから、お支払いするべきお金を半額の180万円にしてもらえないか。それなら、明後日にはあなたの口座に必ず振り込ませる。今度の件は、もしも弁護士に頼んでも費用が発生するでしょうし、裁判にでもなったら、長期間続いて、あなたも世間の好奇の目に晒される可能性がある。それならば、いっそのこと180万円で手を打ってくれないかと説得したのだ。初めは不服そうな顔をしていた秘書君だったが、サヤカさんが静かに切々と懇願したら、最後には承諾してくれた。

もしも内藤さんがどうしても支払いを拒否したら、サヤカさんは自分が尻拭いをするつもりだったという。スキャンダルになるのをなんとしても消し止めたかった。さすがに内藤さんもそこまで迷惑を掛けられないと悟ったのだろう。180万円は支払った。

だからといって、浪費癖は抜けなかったようだ。既婚者のバカボン・パパと二人で出歩いていたらしい。ところが昨年のコロナ禍の最中に内藤さんが音信不通になってしまった。携帯も固定も電話は通じない。郵便の手紙もメールも戻って来る。コロナで孤独死する老人のニュースを見て、心配になったサヤカさんたちは、奥沢の内藤さんの家を訪ねた。そこで見たのは信じられない光景だった。あの豪邸が影も形もなくなっていたのである。近所の人に聞いてみると、もう半年以上も前に引っ越して、その後は更地になったのだと教えてくれた。

「どうも借金がかさんで、家を売ったみたい。その先はわからないのだけれど、ちゃんとした生活をしていたら、あの人のことだから連絡して来るに違いないわ。実はね、私の友達が、つい最近、内藤さんによく似たタクシーの女性運転手さんを青山通りで見たんですって。あの人ね、車の運転だけは昔から上手だったの」

　サヤカさんは浮かない表情で目を閉じた。

　私はなぜか、まったく関係のない変な方向へ考えがいった。財力や権力があれば、人間はたいがいの欲望を叶えられる。そこを勘違いしたために、今まで著名な実業家や芸能人、学者などが、セクハラ事件を起こして、晩節を汚した。だが私は、それを高齢女性が犯すとは想像すらしなかった。でも本当は、すでにそんな例は無数にあるのかもしれない。あってもおかしくないと気づいたら、私も思わず目を瞑(つむ)って俯(うつむ)いてしまったのだった。

# 第四話　ホテルのルームキー

私はどうも他人の気持ちを理解する能力が、普通の人より劣っているみたいだ。

かつて作家の森瑤子さんと、彼女が亡くなる5、6年前からお付き合いがあったことは前に書いた。今にして思うと、鈍感であるが故に森さんの真意をうまく汲み取れない場面が多かった気がする。

森さんは作家として、まさに絶頂期にあった1987年に、カナダの西海岸にある島を買った。私が当時住んでいたバンクーバーから、小型飛行機をチャーターしなければ行けない孤島だった。そこには専用の別荘とプールとテニスコートがあり、住み込みのお手伝いさん夫婦もいた。アメリカ人かカナダ人か知らないが、その夫婦に払う給料だけでも月に55万円ほどかかると聞いた。それ以外にも莫大な維持費が必要だったろう。

その島は森さんがハリウッドスターのジーン・ハックマンと張り合って競り落とした。日本にも、こんな豪勢な女性がいるのかと私は感心した。

52歳で亡くなった森さんが、もしも元気だったら、今年で82歳である。きっとしっかり自己が確立した高齢女性として暮らしているだろう。ただし、今の時代に彼女の作品が熱烈な支持を得るかどうかは微妙だ。なにしろバブル経済の申し子のような作家だったから、作風も華やかで洒落ていた。閉塞感に包まれた令和の日本では、まったく違った趣の小説を書いたかもしれないとよく思う。

私は、1990年前後に、森さんから奇妙な役目を仰せつかった思い出がある。周知のように森さんの配偶者はイギリス人の男性だ。イケメンだった。なぜ彼が日本に住んでいるのかと森さんに尋ねたら、面白い答えが戻って来た。

「それはね、私にひっかかって、ずっと日本にいることになったからなのよ。彼は世界中を旅していて、日本で私と会っちゃったから、住み着くことになってしまったの。これは一緒にいなければと思ったらしい」

そう語る森さんはちょっと嬉しそうな顔をしていた。三人の娘さんに恵まれて、作家としても大成功した妻と巡り会えたのだから、イギリス人の旦那さんも幸運だったろう。

とはいえ夫婦の間には諍いが絶えないと彼女はよくこぼしていた。もう離婚しようと決心するのが、毎年8月か9月頃なのだ。それから財産の根分けをどうするか、三人の娘はどちらと暮らすかなど、あれこれ話し合っているうちにクリスマスが近づく。家族や友人と過ごす楽しいクリスマスが終わり、お正月を迎えると、まあ仕方がない、離婚はせずに今年一年は一緒にいるかという雰囲気になる。「夫婦なんて、その繰り返しよ」と言った彼女の声は、まだ私の耳底にしっかりと残っている。

あれは森さんが下北沢に新居を完成させた頃だった。あなたに会ってもらいたい人がいると食事に誘われた。都内のホテルのダイニングルームで待っていたのは、有名な実業家の篠田氏だった。名前は知っていたが私にとっては初対面である。彼はあの当時、70歳に近かったはずだ。仕立ての良いスーツに身を包んだ、実に堂々とした風采の紳士だった。

「これからは国際的な時代になるでしょ。工藤さんはカナダに住んでいて日本でもお仕事をしている人なの。お話が合うかなと思って連れて来たのよ」と森さんは私を紹介した。私は英語がまったく苦手だし、国際色とはほど遠い人間だ。まして仕事と呼べるだけのキャリアなど皆無。きまりが悪いので、ただぺこんと頭を下げた。

篠田氏は型通りの挨拶をしてくれたが、どこかムッとした表情で、対面に座る森さんの顔を見つめてずっと会話をしていた。

あっ、もしかして篠田氏は今日は森さんとデートのつもりだったのではないか。そこに変な女がくっ付いて来たので、彼は気分を害しているのだと私は察した。

巨体の篠田氏はさすがに一流の経済人らしい迫力があった。この女は邪魔だな。なんでこんなものが一緒にいるのかと怒っているのがびんびんと伝わって来る。

その夜の森さんは、いつもより美しかった。きゅっとウエストが締まって見える妖艶なワンピースを着て、ゆったりとワインを口に運んでいた。今なら察しが付く。きっと彼女は補正下着を身につけていたのだろう。だからボディーラインが、あんなにくっきりと引き締まって見えたにちがいない。

それにしても、森さんがひどくセクシーなのに私は戸惑った。あれ、もしかして彼女は篠田氏が自分に惚れていると承知で、彼をじらせているのか。でもなあ、どうやら高価そうなフレンチは篠田氏がご馳走してくれるようだ。やっぱり彼にまったくチャンスをあげないのはアンフェアだろう。私はデザートが出た後に、ちょっと仕事の電話があると嘘をついて、席を15分ほど中座した。

戻って来ると森さんと篠田氏は無言で見つめ合っていた。そして、テーブルの上に置いてある篠田氏の手には、ホテルのルームキーが握られていたのである。それを見て、私はひぇっと心の中で声を上げた。この人は今夜のためにホテルの部屋まで取ってあったのだ。

私の表情を読み取った篠田氏は、ジロリとこちらを睨んで言った。

「今日は僕は仕事でこのホテルにいるので、今チェックをするのに部屋番号を確認してたんだよ」

「そうですか」と答えて私は森さんの方を見た。軽く微笑んだ森さんが私の肩をぽんと叩いた。

「美味しかったわね。そろそろ私たちは帰りましょう。ご馳走様」と言って、さっさと立ち上がってしまった。

帰りのタクシーの中で、森さんが語ってくれたところによると、篠田氏と妻はもう10年以上も別居していて、今は双方が弁護士を立てて離婚の協議をしている。つい1カ月ほど前に友人の家で篠田氏に会った。それ以来、彼は頻繁に電話をくれる。いつも深夜で、「眠れないんだよ」というのが第一声。彼女も夜中に執筆していることが多いので、適当に話し相手になるが、長話をしてはいられない。そうしたら、どうしても会いたいと篠田氏が言い出したのだそうだ。

当時の私は森さんに「で、あの男の人はどうするつもりなんですか？」と尋ねるだけの才覚などなかった。

あきらかに自分に強い興味を示している男性から食事に誘われて、もし断ったらそれですべて終わるだろう。忙しいと告げるのは、あまりにも素っ気ない対応だと森さんは思ったのか。といって、一人で行けば必ず彼に口説かれる。向こうはぐいぐいと押して来るタイプだ。それがわかっているので、人畜無害な私を連れていくことにしたのだろう。

だから、私は森さんを守らなければと思い込んだ。なんという浅はかさだったろう。そんなに必死になって守らなくても良かったのだ。森さんは作家として、男女の駆け引きを楽しみたいだけだったのだろう。この後もう一度、私は篠田氏と森さんのデートに同伴した。もちろん、篠田氏はあまり嬉しそうな顔をしなかった。

実はもう一人別の男性と彼女が食事をした夜も、一緒に来てくれと言われて行った。この時のことは、ひどく不快だったので思い出したくない。職業は書けないが、その男性も、そこそこ世間に知られていた人である。篠田氏と違って風采も上がらず、お洒落でもない。森さんがなんでこんな人と付き合うのかわからなかった。ものすごくお酒を飲む人で、食事中からどんどん酔っぱらっていた。そして店を出てタクシーを拾うために路上を歩き始めた途端に、その人がとんでもない言葉を大きな声で叫び始めた。放送禁止用語なので、ここでは書けない。けれど「あーセックスがしたい」という意味のことをひどく卑猥な表現で叫んだのだ。彼の横を歩いていた森さんに向かって発しているのは明らかだった。今ならセクハラ、モラハラで訴えられてもおかしくない言動である。森さんは何も反応せずに歩き続けた。いや、こういう場合、余計なことを言わない方が得策と心得ていたのだろう。

あまりに卑猥な言葉なので、他の通行人もびっくりした顔でこちらを見る。私は、大声で叫ぶ男の後を歩きながら、もし彼が森さんに何か失礼なことをしたら、後ろからハンドバッグで頭を思い切りぶん殴ってやろうと、しっかり自分のお腹のところに四角いバッグを抱えていた。

間もなくタクシーが来たので、森さんと私はさっと飛び乗った。その後、何を話したのかは忘れた。しかし、彼女は怒ってもいなかったし、怯えてもいなかった。平然と構えていたのである。もしかして、これも彼女にとっては何かのゲームだったのかもしれない。

森さんが体調不良で入院したというニュースが入ったのは1年後くらいだった。この辺の記憶は曖昧だ。その後の時間の流れは、激しい濁流に放り込まれたようだった。電話も掛けられないし、見舞いに行くのもおこがましいと遠慮した。私はそれほど親しい友人ではなかったからだ。やがて、編集者の人たちから絶望的な情報が入って来た。病魔に侵された彼女の余命は限られているという。

1993年の夏に、彼女はとうとう旅立ってしまった。四谷の教会で執り行われた葬儀の光景は、はっきりと瞼に焼き付いている。

詰めかけた弔問客の多さは、森さんの友人や読者の多さを物語っていた。そして可愛い三人の娘さんと旦那さんが、哀しみに暮れながら寄り添い合って立っている姿こそ、まぎれもなく家族を象徴していた。この家族がいて彼女のストーリーが完結したのだ。

その晩のことだった。夜の11時過ぎに家の電話が鳴った。こんな時間に誰だろうと訝ったら、男性の声が聞こえて「篠田です」と名乗った。ああ、さんざんデートの邪魔をした私に、篠田氏が何の用事だろうと思った。私の名刺は渡してあったので、それを見て掛けたという。「悔しいねえ」と絞り出すような声で篠田氏は言った。「なんで、こんなに早くあの人は亡くなってしまったんだろう。働き過ぎだと思うんだよ」と篠田氏は憤っていた。

「そうですね。やらなくてもいいようなお仕事まで引き受けて、トラブルがあっても版元さんは何も助けてくれなくて、森さんはすごいストレスを抱えておられましたからね。一人で闘っていたから」

私はある仕事が彼女を悩ませていたことを知っていたので、篠田氏も当然知っているのだろうと思った。

「違うよ。あの亭主だよ。彼女は亭主のために働いて、働いて、身体を酷使した。あんな男のために、どうして死ななきゃいけなかったんだ。別れれば良かったのに」

そうか、篠田氏は森さんと結婚したかったのかと、初めて気づいた。そんなに真剣な気持だとは思わなかった。彼女がこの世から去った哀しみを、誰かの責任にして気を紛らわせたかったのだろう。でも森さんが、いくら旦那さんと不仲だったとしても、本気で離婚する気はなかったと思う。その上、年下の美男に心をときめかせていたのを私は知っている。だから、篠田氏が演じる役柄は、彼女の人生にはなかったはずだ。

その後も篠田氏からの電話は2年ほど続いた。しょっちゅうではないけれど、3カ月に1回くらい掛かって来た。「寂しいよね」「あんな男のために」と必ず言ってはため息をついた。篠田氏と森さんの関係は実際のところどのようなものだったんだろうと、私は何度か考え込んだ。デートの度に私が同席していたとは限らない。でも男女の仲にまでは進展していなかったろうと今でも思っている。

それにしても小説家とは因果な商売だ。彼女が作り込もうとするイメージを篠田氏は、すっかり真に受けていた節がある。いや、もしかして、そのイメージこそが生身の森さんだったのだろうか。

そういえば、カナダの港町で、森さんと一緒にあるお宅に食事に招ばれる機会があった。その家には独身の日本人の男性が住んでいた。年齢は森さんと同じくらいだった。大学で東洋史を教えていた。なかなかの美男で、長身だった。パーティーが終わりに近づいた深夜に、森さんの方を見ながら、ふいにその人が問いかけた。

「どうですか、作家ってストイックな生活をしているのですか？」

外国生活が長い彼の日本語は少し奇妙だった。しかし、森さんは、はっきりと答えた。

「もちろん、ストイックですよ。とてもストイックな生活」

「小説とは違うわけですね」

「ええ、そうじゃなければ、書けませんよ」

このあたりで、私は彼らの会話の意味を理解した。ストイックというのは、つまり実際に生活の中で情事があるのか、それとも作品の中だけなのかと相手は聞いていたのだ。きわめて真剣な表情で森さんは、あれは小説の世界だけのことだと断言した。つまり、自分はセックスレスだということだ。

嘘ではなかったろう。今から30年以上昔、50歳を過ぎた女性はストイックで当り前だったのだ。

しかし、時代のうねりはこの常識を覆した。70代、80代、90代に至っても、激しい恋に身を焦がす女性が珍しくない昨今だ。それを知っているからこそ、私は森さんの死を悼みたくなる。彼女に夢中だった男たちも、逆に彼女が夢中になっていた男たちも、最近になって、ほとんどが鬼籍に入った。

非常に美形の年下男性を森さんが気に入っていた時期があった。外国で彼と同じホテルに泊まった際に、森さんは夕食を共にして、確かな手応えを感じた。だが、知らん顔をして自室に戻り内線での連絡を待った。それから、ふと思った。ひょっとして、年上の自分の方から電話をしなければいけないのかと。

「でもね、まさか私からは誘えないじゃない」と旅行から帰って来た森さんは、低い声で呟いた。そんなに難しいタイミングの恋の進展を判断する能力は、もちろん私にはなかった。

ところが最近、82歳の女性が、きっぱりと朗らかに宣言するのを耳にした。

「もうこの先、何が起きるかわからないもの。病気になるかもしれない。身体が不自由になるかもしれない。だからね、私はチャンスを逃さないつもりよ。絶対につかまえるわ」

人間の寿命は限られている。だからこそ瑞々しい快楽に潤うのなど罪ではない。この女性たちの果敢な声明を森さんに聞かせてあげたかったなあと思う。

「あんなにがっしりと武装なんかしなくたって良かったのに」と天に向かって叫びたくなったのである。私はきっと彼女の甲冑(かっちゅう)代わりだったのだろうと、今頃になって悟ったのだった。

# 第五話　グリーンの瞳のラルフ君

ラルフ君と10年ぶりに青山通りでお茶をした。現在42歳のラルフ君は、私の友人である三奈江さんの息子だ。お父さんのリチャードはカナダ人だからハーフである。父親の仕事の関係でラルフ君は幼い頃からカナダと日本を行ったり来たりしていた。だから英語も日本語も流暢だ。顔立ちは母親に似たのか、細面の和風。ただ眼だけは深いグリーンがかっていて、睫毛が長い。彼はこの4月からカナダの製薬会社に転職したので、本来なら太平洋を忙しく往復しているはずだったが、コロナ禍のため東京在住である。

「ママはお元気?」

「お陰様で、元気ですよ。今はパパと河口湖の別荘に行っているけど」

「そっか。おばあちゃまもお元気?」

「え?　知らなかったの?　祖母は3年前に亡くなりましたよ」

「あのおばあちゃまが亡くなったの?」

意外に感じたのは、どう考えても亡くなるようには見えないおばあちゃまだったからだ。彼女の名前を仮にマサ子さんとしよう。京都の出身で、ある分野のデザイナーとして名を成した女性である。

気が強い人で、娘の三奈江さんとは対極のタイプだった。三奈江さんは穏やかで、怒った顔を見せたことがない。一人息子のラルフ君も三奈江さんに似たのだろう。子供の頃から優しくて愛嬌があるので、母親の友人たちの間で絶大な人気があった。まあ理想の息子といったところか。そのラルフ君も今や2児の父親なのだから、マサ子さんが亡くなるのも当然かもしれない。

「おばあちゃま、おいくつで亡くなったの？」

と尋ねたら99歳だったという。最後の6年間は老人ホームに入居していた。そこは京都でも有数の豪華な施設だったそうだ。

もう10年くらい前に、私は三奈江さんから聞いたことがある。マサ子さんには恋人がいると。まさかと思った。その時はすでにマサ子さんは90歳を過ぎていた。新しい恋をするとは考えられなかった。たしか若い頃に1回結婚をして、娘の三奈江さんが生まれた後すぐに離婚した。それからは、ずっと独身を貫いて仕事一筋だったと本人は言っていた。もっとも私がマサ子さんに会ったのはたった1回だけで、それはラルフ君の結婚披露宴の席だった。

考えようによってはマサ子さんの性格がきついのは当り前かもしれない。なにしろ大正生まれで、キャリアウーマンすら珍しかった時代に、デザイナーとして社会的に認知された。これはまさに稀有な例である。あまりに自我が強くて人間関係に支障をきたしたこともあったらしいが、その激しさが生きていく上では必要だったのだろう。実の娘の三奈江さんでさえも、母親とは距離を置いていた。まず母親のことを話題にすることはなかったし、一緒には住みたがらなかった。

「おばあちゃまの京都の素敵なお家はどうなさったの？」とラルフ君に尋ねた。どこかの雑誌のグラビアに載っていたマサ子さんの邸宅は、竹林の中に建つ和洋折衷の3階建てだった。モノトーンのデザインが異彩を放っており、たしか有名な建築家の作品だったはずだ。

「ああ、あの家ね。もう残ってないですよ。おばあちゃんが最後のダンナにあげちゃったから」

「ダンナって、おばあちゃまは再婚なさったの？」

「そうそう、そうなんです。25歳年下のダンナにプレゼントしたみたい」

「え？」

私はしばらく言葉が出なかった。三奈江さんは一人娘である。いくら同居していなくても、あの大邸宅を相続する権利はあっただろう。

「プレゼントってどういうこと？」

「よく知らないけど、とにかくおばあちゃんが死んだ時は、不動産はすべてダンナさんの名義になっていたんだって。そういうふうにママが言ってたから」

「ああ、つまりおばあちゃまは晩年に認知症になられたんじゃないの？」

「違いますよ。その逆です。頭はずっとシャープだったし、なんかよくわかんないけど、顔だってきれいでした」

どういうことかと私は頭の中であれこれ考えた。資産家の高齢女性が年下の男に騙されて、財産を巻き上げられる例は何度か聞いた憶えがある。たいがいの場合は判断能力が衰えてきたため、身近で優しく世話をしてくれる男性に財産のすべてを贈るという遺言を書いてしまうのだ。しかし、その場合でも、実の娘だったら異議を申し立てることは可能だ。いくら「全財産を彼に譲渡する」という遺言があったとしても、実子が相続する権利は法律で守られている。

私は自分の考えをラルフ君に伝えるべきかどうか、ちょっと迷った。他人様の財産問題などに口出しをするのは余計なお節介だし、マサ子さんはもう3年も前に亡くなっている。

聡明な三奈江さんが手をこまぬいて見ていたとは考えられない。

「あのね、ボクのおばあちゃんはとってもフェロモンがあった女性だったんですよ」

ラルフ君が思いがけない言葉を口にした。私はなんだか突然、バシッと弓矢で心臓を射貫かれたような感じがした。

「フェロモンがあるって、つまり女っぽい人だったってこと?」

「いや、ちょっと違います。男だってフェロモンが出ている人はいると思うし。おばあちゃんは、特に整形もしてないしエステにも行ってなかった。何もしてなかったけど、すごく若々しく見える。つまり、フェロモンの出方が半端じゃなかったんでしょう。ホームに入居したのが93歳くらいの時だったかな。もう入居者の男性の中で、おばあちゃんに夢中になる人が次々と出てきて、男同士で喧嘩したりして大変だったんですよ」

　私は思わずラルフ君に尋ねてしまった。

「おばあちゃまって、そんなにすごい美人だったの？」

　後から考えるとずいぶんと馬鹿な質問をしたものだ。まるで93歳の女性は美しくないと言っているみたいじゃないか。とんでもない思い込みだ。この時ラルフ君のグリーンの瞳がかすかな笑みを湛えた。

「美人かどうかっていう問題じゃなくっておばあちゃんは特別な人だったんです。あのAさんもBさんもCさんもおばあちゃんに惚れていて、順番におばあちゃんを口説いたそうです」

　AもBもCも日本人なら誰もが知っている名前だった。昭和の時代に画家、建築家、彫刻家として芸術界を牽引した男たちである。超大物と言ってよいだろう。ラルフ君の口調は淡々としていて、駄法螺(だぼら)を吹いているようには聞こえない。

　そういえば、1回だけ会ったことのあるマサ子さんがどんな顔をしていたのか、私はよく憶えていない。しかし猛烈なオーラが彼女の全身から感じ取れて、これは何か強い気を発する人だとすぐにわかった。

　余談だが、私は自分に特に霊感があるとは思えないのだが、出逢った人の顔を見ると、だいたいの病気とか死期とか恋人がいるかどうかといったことが、わかるようなのだ。いや、単に自分がそう思っているだけかもしれないが、感じたことがかなりの確度で的中する。それを「気を読む」と自分で勝手に言っている。ただ心の中で思うだけで、もちろん口にはしない。

「でもね、ラルフ君、普通の常識だと女性は閉経したらだんだん恋愛感情が薄れていくのよ。そして性交も物理的に無理だと思う。女性が女性として機能しなくなるから」

子供の頃から知っているラルフ君とはいえ、いくらなんでも、あんまり露骨に女性の身体のパーツについての説明は控えたかった。逆に私が変なおばさんと思われるのも困る。でも、どれほどマサ子さんが魅力的であったとしても、実際に男性と肉体的に結ばれるのは無理でしょうと私は言いたかったのだ。

すると、ラルフ君の瞳が少しだけ細くなった。これは微妙な光量である。

「工藤さん、祖母は92歳まで生理があったんですよ」

「まさか、そんな。じゃあおばあちゃまはホルモン補充療法をやってらしたのかしら?」

閉経後の女性が以前と変わらずにラヴライフを楽しみたかったら、ホルモン補充療法が有効だと聞いたことがある。そのために80歳でも生理があると語っていた老婦人を知っていた。だが、ラルフ君は穏やかに首を横に振った。

「祖母は何もしてなかったんです。自然のままでした。髪も染めないけど黒かったし、化粧もしていなかった。でも、男同士が自分を取り合って争っているのを見ると、どんどんきれいになるんですよ。フェロモンが湧き出るみたいなんです。本当に」

そう言われても私は不思議で仕方がなかった。何もしないで、自然に92歳まで生理がある女性なんているのだろうか。女性は50歳を中心にして前後5年くらいで閉経すると言われている。60歳まで生理があった人の話も知っているが、92歳というのはいささか現実離れしている。

「祖母はホルモン注射とかはしてなかったけど、身体のどこかに針が入っていたんです。どこかは言えないけど赤い針が入っていたそうです。それが理由の一つでしょう」

あんまり私が怪訝な顔をしたので、ラルフ君が、マサ子さんの秘密を教えてくれた。その針が何かは気になるけど、ラルフ君もそれ以上詳しいことは知らないと答えた。

とにかくマサ子さんは亡くなる寸前まで若い男性がいた。しかも90歳を過ぎた頃に、その人と結婚した。娘の三奈江さんには何の報告もなかった。いや、同棲していることは勘づいていたのだが、関わりたくなかったらしい。

ところが、マサ子さんが亡くなってみると１０００坪の土地に建つ京都の家や軽井沢の別荘、都内に所有していた一棟建てのマンションなどの名義が、すべて若い夫に書き換えられていたそうだ。

別にラルフ君のご両親だって、マサ子さんの遺産など当てにしなくても、十分に豊かな暮らしをしていける。リチャードはずっとカナダの大手企業の日本支社長を務めて引退した。だから、妻の実家の財産を狙っていたわけではないが、それにしても90歳を過ぎてから結婚した男がすべての財産を相続したことに驚いた。

弁護士に相談して調べてもらったところ、マサ子さんは男のために贈与税まできちんと払ってあげて、彼の名義に書き換えていた。さらに驚いたことに、若い夫はマサ子さんが亡くなる2カ月前に病死してしまったのだ。まだ70代だったらしい。彼には子供もいなかった。結果的には、マサ子さんの莫大な財産は、亡くなった若い夫の親族、つまり彼の兄弟姉妹、甥姪に分散して渡ったという。

しかし、ラルフ君は特に憤った口調にもならず、淡々と話してくれた。そこに育ちの良さが表れている。

「おばあちゃまはお元気過ぎたのかもしれないわね」と私が無理に結論を導き出そうとすると、ラルフ君から意外な言葉が返ってきた。

「うちのおばあちゃんだけじゃなくて、異性に興味を持つ90代はたくさんいます。この前、あるパーティーで93歳の女性を紹介されたんです。ボクが挨拶すると握手を求められて、そのままボクの手を握って15分くらい放さないんです。振りほどくのも失礼だからボクはじっと15分間握られたままでいました。その方はご自身について、いろいろ喋っていました。そして最後に手を放す時に、『ありがとう。お会い出来て良かったわ。とっても楽しかったわ』と笑って、持っていたカクテルバッグの中から1万円札を5枚出して、『はい。お礼ね』とくれるんです。いらないと断っても、『あなたにあげたいのよ』と言うから、もらっちゃいました。3分につき1万円なら、まあいいかと思って」

あっけらかんとしたラルフ君の口調に私は吹き出してしまった。

「なかなか積極的な女性もいるものなのね」と感心して見せると、ラルフ君がちょっと小首を傾げた。

「えっと、ボクはたいがいの場合は女性からアクションを起こされるから、珍しくはないんです」

これまた、意表をつく言葉だ。

「もういっぱいありますよ。女性にいきなりキスされたり、迫られたりしたことって」

「へ？　女性に迫られる？」

「ええ、一緒に歩いていて信号で立ち止まった時とか、車に乗っていて、駐車しようとハンドルを切っていたら、突然キスされて、車は道路で斜めになったままずっと20分くらいキスしてから、大急ぎでラブホに向かったり、たいがいいつも女性からです」

「なんで？　だって普通は男の人からってものでしょう」

「いや、今は断然、女性からが多いです。急にホテルの部屋に連れ込まれたり、飛行機の中でトイレに引っ張り込まれたこともありました。珍しいことじゃなくて今は女性のほうから積極的に出るのが普通じゃないかな」

「はあ、女性からね。そんなことされて嫌な相手もいるでしょ？」

「ボクの場合は嫌な人はいなかったですね」

それから、ラルフ君は素敵な女性はTバックのショーツをはいているとか、身長182センチくらいの女性が好きだとか、いろいろ話してくれたが、私は頭が混乱してごちゃごちゃになっていた。

ラルフ君の瞳をあらためて見てはっとした。なんとも不思議な色彩だ。青と緑が混ざって黒みを帯びた深い色。中心からビーッとレーザー光線が発射されているようだ。

あっ、ひょっとしてラルフ君には、マサ子さんのフェロモンが遺伝しているのではないか。この眼を見ていると女性は彼に触れたくなるのだろうか。

彼は少年時代から三奈江さんの友人たちに可愛がられていた。

「ラルフ君は中学生の時からモテて、ママ友たちの間でも評判良かったのよね」

私が30年くらい昔を思い出して呟くと、すぐにラルフ君の返事が戻ってきた。

「誰にも内緒だけど、ボクは小学校から私立に行ったでしょ。中学生になったら、小学生の子供を車で学校に送ってくるお母さんたちがたくさんいて、中には誘ってくる女の人がけっこういましたね」

「誘ってくるって?」

「つまりやらせてくれる人が声を掛けてくるんです。だからボクのセックスの相手はたくさんいました。ええ、中学生からです」

私はしげしげとラルフ君の顔を見た。何でもワガママを聞いてくれそうな優しい気配が漂う眼差しだ。なるほど、この優しさがフェロモンを放っているのだろう。

この時に、なぜ自分がまったく男にモテない生涯を送ったのかが、わかった気がした。私の両親がフェロモンとはまったく無縁の人間だったからに違いない。生まれてくる時にフェロモンを貰いそこねた。

それにしてもラルフ君に隔世遺伝したマサ子さんのフェロモンってどれだけ強烈だったのだろう。

いや、わからない。私が知らないうちに日本はもう女性から男性にアプローチするのが特別ではない社会になっているのか。

世間とはなんて奥深くて、激動するものなのだろう。ラルフ君と別れてから、紀ノ国屋に夕食の材料を買いに走りながら、まあわが70余年の人生は、どうにも薄っぺらくて意外性に乏しいものだったと思い知った心地だった。

# 第六話

# きっと恋にちがいない

これは恋愛だと断定出来る理由は、いったいどこにあったのだろう。この頃は、しょっちゅう考える。あれもこれも、よくよく思い出してみると実は恋愛ではなかったのではないか。自分で恋愛だと思い込んでいただけで、本当は壮大なる勘違いだった。今になると、間違いなく恋愛だったと言い切れるものは皆無だと気づいたのは、ようやく、ここ2、3年のことだ。

念のために申し添えると、ここで私が言う恋愛とは、淡い初恋や片思いなどは別として、大人になってから異性と真剣に交際したケースを指す。

恋愛って、なんと重宝で融通無碍（ゆうずうむげ）の言葉だろう。デートをしてお互いの好意を確認し合ったら、もうそれで恋愛は始まったと信じ込む。しかし、その背景に潜む曖昧な要素は無視されている。相手と自分の間には、たいがいは大きな温度差とか深い溝とかが横たわっているのに、それを見ないふりをする。または本当に見えていなかった。

自分の過去の恋愛について思い出す時、これこそが恋愛だったなどと誇らしく宣言出来るものは一例もない。といって、今さらずるずると芋づる式に、自分の勘違いや失敗談を引っ張り出して、その原因を分析する気にはならない。なぜなら、どんな情けない恋愛であったとしても、それが実は幻想や錯覚に過ぎなかったと認めるのは、やはり悔しいからだ。

しかし、他人の例ならば、ずっと客観的に述べられる。

第二話に登場してくれたミエさんから、お会いしたいと電話があったのは、世の中が長い連休に入って、なんとなく浮かれ気分になっていた頃だった。ただし、私をミエさんに紹介してくれた久枝さんは抜きにして二人で話したいと言う。なんだか声のトーンが沈んでいたので、すぐに彼女の家の近くのカフェでお茶をすることにした。

声とは時には言葉や表情よりも雄弁に、その人の精神状態を表すものだ。何かに戸惑ってミエさんが困っているような気配を私は電話から感じた。

彼女は83歳で、同年代の男性と恋愛中だ。趣味のサークルで知り合ったその木村氏は、お洒落で素敵な人だという。二人で過ごす時間は彼女にとって至福の体験であり、言葉は悪いがミエさんはすっかり舞い上がっているように見えた。

優しくて甘い言葉をたっぷりと浴びせかけてくれる木村氏には、しかし一点だけ困った問題があった。二人が睦み合うのは、いつもミエさんのマンションだった。そしてその後は、ミエさんがレストランで彼にご馳走する流れになっていた。寿司、鰻、ステーキなどが彼の好物である。その費用は毎月5万円以上かかるという。ささやかな年金暮らしのミエさんにとっては重い負担だ。ついに、コツコツと貯めた2000万円の定期預金を取り崩すしかないところまでミエさんは経済的に追い詰められていた。

そんなことはやめなさいと、私と久枝さんが大反対したため、前回はミエさんが怒って席を立った。それがかれこれ一年くらい前のことだ。

昭和の香りが漂うレトロな喫茶店で、向かい合って座ったミエさんは、相変わらずふくよかで、ベージュのワンピースを着ていた。

「もう本当にびっくりするようなことがあって、ご相談したかったんだけど、もっとびっくりするようなことが続いたもんだから。私も、そろそろここで態度をはっきりさせなければいけないんですけど、どちらの道を選ぶにしても工藤さんに教えてもらいたいんですよ。どういう手順で、どうしたらいいいか」

「えっと、それは木村さんについてですね?」

「ええ、彼の本心がどうもわからなくて」

そう言われても、私だって男心なんて正確に読めたためしがない。読めないからこそ失敗の連続だったわけだ。

「いいえ、それがね聞いて下さい。あの人ね、所帯持ちだったんです」

そりゃあ83歳になる男である。所帯だって離婚歴だってあるだろう。そんなに驚かなくてもと考えるのが普通だが、ミエさんは違った。

「まさか、奥さんがいるなんて夢にも思っていなかったし、初めに私が『ご家族は?』って尋ねたら『一人ですよ』って答えたのよ」

「つまり嘘をついていた」

「いえね、彼に言わせると嘘なんてついていない。奥さんは老人ホームに入っているから、自分は一人暮らしだって」

なぜ妻帯者であることが露見したかというと、趣味サークルのメンバーの良子さんが、車椅子を押して歩く木村氏とスーパーで、ばったり出会った。こういう時、女性はすごいと思うのだが、良子さんは「あら、奥様でいらっしゃいますか?」と車椅子の女性を見ながら木村氏に問い掛けたのである。木村氏はバツの悪い顔をしながら「ええ、家内です」と答えた。

サークルでは独身で通していた木村氏も、さすがに妻の眼前では嘘をつけなかったのだろう。もうその日のうちに、木村氏には妻がいるという情報は仲間内に知れ渡った。もともと木村氏に憧れている女性が多かったので、がっかりするよりも、ミエさんに対して溜飲(りゅういん)を下げた人の方が多かったようだ。

「五人くらいがわざわざ私に電話して来て、『木村さんって奥さんがいたのね』って嬉しそうに何度も言うんですもの。嫌味としか思えないでしょ」

ミエさんはきっと木村氏が自分に夢中だと皆に自慢していたに違いない。初対面の私にも、彼がいかに自分に惚れているかを延々と語っていたくらいだ。

憤懣(ふんまん)やるかたないミエさんの気持ちは理解出来る。だが、これは若い娘が妻帯者に騙されるケースとは少し違うだろう。なぜなら若い娘が相手の男性と結婚して家庭を築くことを夢見ているのなら、所帯持ちなどは初めから論外。不倫だってしたくないのだから、怒るのは当然だ。しかし、ミエさんは83歳である。そもそも結婚など視野に入れてなかったはずだ。恋人が出来た事実が嬉しくて陶酔状態になっているだけではなかったか。

「まあ、男の人にも見栄があるし、お身体が不自由な奥様がいらっしゃるくらいは大目に見てあげたらどうですか？　お互いに大人なんですから」

私がミエさんをなだめようとすると、思いも掛けないほど強い口調で抗議された。

「そりゃあね、私だってそれくらいのことはわかります。でもその後にね、もっとひどいことがあって、もうあの人の本性がわかったから、いっそ別れようかと真剣に悩んだの」

いったい何があったのかと驚いたのだが、それはきわめて微妙とも言えるトラブルだった。

ミエさんが激昂したのは、木村氏の奥さんの問題もさることながら、その事実がサークルの仲間たちに知れ渡ったことである。つまり彼女は恥をかかされたと感じた。そこで、木村氏に怒りをぶつけた。なぜ本当のことを言ってくれなかったのだ、私が不倫をするようなふしだらな女に思われても、あなたはかまわないのかと猛烈な勢いで責め立てた。本人が猛烈な勢いでと言うのだから、さぞや鬼の形相で憤ったのだろう。

木村氏は、気の毒なほどおろおろして謝った。そんなつもりじゃなかった、妻は5年前に大病をして半身不随になった、せめて最期はきちんと看取ってから、あなたにプロポーズするつもりだったと弁解する。それでも、ミエさんの怒りは収まらなかったのだが、この時に木村氏が突然、彼女を食事に誘った。来週は二人でいつものレストランへ行こう。僕が招待すると言い出した。

「私ね、なんだか知らないけど、嬉しい気になっちゃったのよ。だってあの人の食事の費用がいつも心配だったんですもの。あの人が払ってくれるなんて言い出したのは初めてだったし」

　ミエさんの機嫌を取るために、ご馳走しようと思ったのだろう。とにかくこのチャンスに、片方だけが出費するという歪な形の交際が変わるのは良いことだ。

　喜んで、ミエさんは木村氏とステーキハウスに出向いた。ところがそこでミエさんは、また、しこたま傷つく羽目になる。どうも神様はミエさんにあまり親切じゃないようだ。

「あの人ね、いつもサーロイン・ステーキしか食べないのよね。6000円くらいするやつ。だから、私は一番安いハンバーグにしてたわけ。それなのに、彼は私に3500円のサイコロ・ステーキはどうかって言うの。『はい』って答えたら、自分にはねハンバーグを注文したのよ。びっくりしたわよ。だって、あの店でハンバーグなんて食べたことない人ですもの。ああ、この人はケチなんだなとしみじみ思った」

　もともと女性に払わせてばかりいる男なんだから、ケチに決まっていると言いたかったが黙っていた。そんなことはミエさんだってわかっているはずだ。

食事の間は、ずっとサークル仲間の悪口で終わったらしい。

いざ、お勘定を木村氏が払って、店を出た途端だった。ミエさんは何か寂しいなあという気持ちに襲われた。あんなに木村氏にご馳走してもらうことを夢見ていたのに、いざとなったら、この寂しさは何だろう。まるで急に雨が降りかかってきたような寒気がした。

それは彼がハンバーグを注文した時から、少しだけあったのだが、帰り道を歩きながら、もっと肌寒い思いが湧き上がるのを感じた。

いつもなら挨拶のように、木村氏は食事中に、ミエさんが歌手の島倉千代子にそっくりだと褒める。自分が若い頃に憧れていたお千代さんに「瓜二つの女性が恋人になってくれて嬉しいなあ」と必ず目を細めて喜ぶのだ。それを少なくとも3回は繰り返す。ミエさんだって悪い気分はしない。つい財布の紐も緩んでしまうわけである。

ところがこの日の食事は違った。思い出してみると、ただの一度も木村氏はミエさんがきれいだ、島倉千代子にそっくりで可愛いと言わなかった。

「やっぱり工藤さんが言った通りだと、はたと目が覚めた思いだったの。自分からは絶対に食事代を払おうとしない男は変だ、せめて割り勘にしたらって工藤さん言ったでしょ。そうなのよね。あの人、私のことを愛してなんかいない。お財布代わりくらいにしか見ていないんだわ。それがわかったら涙がとまらなくって。でも、久枝さんに知られると、ほら見たことかって偉そうに言われるでしょ。だから内緒にしておいてね」

「もちろんです」と答えてから、私は聞いた。「結局、はっきり別れたいとおっしゃったのですね」

するとミエさんは下を向いたまま、手をもそもそしている。なかなか話したくなさそうだったが、声のトーンを少し上げて喋り始めた。

「私ね、もう一度だけやり直してもいいかなって思っちゃったの。だって、先週うちに来た時にね、どうしてもキスだけじゃ嫌だよってきかないで、胸をはだけたら、もっと手を下の方にずっと伸ばそうとしたのよ」

え？　え？　どういうことだと私は意味がわからなくなった。ケチな男の本性を知ったから別れる決心をしたのかと思ったら、どうも違うらしい。そんなに簡単に縒りが戻るくらいなら、私に相談しないでよと言いたくなってしまう。真剣に聞いていたのが馬鹿みたいだ。

こちらの当惑にはおかまいなしに、ミエさんはコーヒーも飲まず喋り続ける。

「私が機嫌が悪いと気がついて、考えたんでしょ。やっぱり私をどうしても手放したくないのよ。それで、前よりも、もっと強く抱きしめるようになって。スカートの裾から手を入れて、あそこを触ろうとするの」

うーん、それってどういう意味なのか。若い頃なら、自分が求められていると感じて嬉しいかもしれないけれど、今の私だったら当然のように「裏読み」をするだろう。彼の目的は何か？と。なんとかこのまま、お財布を持った便利な女でいて欲しいと考えての作戦ではないかと疑う。

しかし、ミエさんは真逆の方向へと思考を走らせたようだ。

「つくづく思ったのね。あの人は私に惚れているのよ。夢中なの。だから私が欲しくなった。それで工藤さんに恥ずかしいけれど相談したいわけ」

それって、もしかして、あれかと私は思った。いや、あれしかないだろう。

「私ね、もう83歳になるからね、当り前だろうけど、あそこに自信がなくって、困っちゃってるのよ」

「はあ、まさか木村さんはミエさんとちゃんと結ばれたいと望んでいるわけではないでしょう？」

彼だって83歳である。個人差はあるだろうけど、実際にことが可能だろうか。

「ああ、あの人はね、どうしても触りたいようなの。だけど私の方がね、あそこはどうしてもダメ。え？　痛いんじゃなくって、あそこの周囲がざらざらしちゃって、サメ肌みたいな感じよ。といって皮膚科や婦人科に行くのは場所が場所だけに恥ずかしいでしょ。でも、彼は私にあんなに夢中なんだから、なんとか触らせてあげたいのね。どうしたらいいのかしら。ねえ教えてくれない？　病院？　薬？　クリーム？」

まったく妙な相談事をされたものだ。いくら私が人助けをしたいと思ったって、これは難しい。考え込んでいたら、はっと思い出した。ある女性誌の編集者さんから聞いたことがあるのだ。今は〝フェムテック〟というのがあって、高齢女性が膣回りのケアをするのは普通だと。そのためのローションやクリームもあるそうだ。顔だって年を取ればシミやシワが出て来るから入念に手入れをする。それは下半身だって同じとのことで、ケアが必要だとか。

「わかりました。ちょっと待って下さい。知り合いに聞いてみますから」

ミエさんに答えてから、あらためて彼女の顔を見た。とてもすっきりした表情だ。木村氏との一連の出来事をすべて告白して、最後には彼との将来にまで話をつなげたのだから、きっと安心したのだろう。

自分は今、恋をしていると彼女は信じている。本人がそう信じている間は、きっと恋愛なのだ。それが「幻想」だと決めつけることは、とうとう出来なかった。

# 第七話

## 二人の愛は新しい段階に

さっきから私は久枝さんに滔々と自説を述べていた。6月にしては異常な真夏日がこれでもかとしつこく続いていた頃である。

「ね、おかしいと思わない？　妻がいるってことが、ばれちゃった途端にミエさんにご馳走してみたり、二人きりの時に、お世辞たらたらで一生懸命サービスしてみたり、あんなの恋愛って言えないわよ。計算ずくで付き合っているのよね。

ほらさ、昔はコールガールって呼ばれる女性がいたのは知っているでしょ？　だけどさ、戦前には、コールボーイっていうのもあったらしいわ。宇野千代の小説に、それが出て来るのよね」

私がコールボーイだと怒っているのは、第六話に書いた木村氏のことである。あんまりケチくさい話なので、あらためて書くのも腹が立つが、83歳のミエさんの恋人の木村氏は彼女と同じ年齢だ。独身と偽っていたけれど実は所帯持ちだった。ミエさんは本気で怒った。慌てた木村氏は、初めて彼女に食事をご馳走した。その前までは、いつも必ず彼女が払っていたのだ。

そして、突然のように、ミエさんに以前よりずっと情熱的で、丁寧な愛撫を始めた。あえてはっきり言うと、かつての木村氏の愛情表現は、本気で彼女を求めているとはとても思えない簡略さだった。ミエさんの胸元をはだけて、ちょっと触るだけというもの。まあ年齢が年齢だから、それでいいのではと納得する人もいるかもしれないが、私は聞いていて、違和感を持った。まさか昨今流行の「ロマンス詐欺」ではないけれど、彼がミエさんに本気で惚れている感じはしなかった。

しかし、私の疑念とは関係なく、ミエさんは彼がさらに広範に愛撫の手を伸ばすようになったのは、まさに彼の愛情の証だと信じた。そして、彼への恨みを完全に忘れ去った。

ミエさんは艶っぽい声で語る。

「彼がね、ミエのチャンチャンは最高だって言うの」

「え？　チャンチャンってなに？」と私は思わず尋ねた。

「だからさ、あそこをマンコって言うじゃない。でも木村はね、チャンコって呼ぶの。それで私のはチャンチャンって、何度も言って触りたがるのよ。可愛いでしょ」

だが、ここに問題が一つあった。半世紀近くも、男性とは性交渉がなかったため、彼女はチャンチャンのケアをまったくしていなかった。ザラザラのサメ肌みたいになっているので、木村氏が指を触れた場合、興醒めするのではないか。だから、何としてでも手入れの方法を調べてくれと頼まれたのである。

正直に書けば、これも私の気を滅入らせた。

あんな人のために、そこまで心配しなくてもいいじゃないかと。

「あなたが怒るのはわかるけど、それは怒り過ぎよ」と久枝さんが笑った。

「だってさ、ミエさんは年齢的に見ても、彼女を恋愛対象と捉える男性は少ないと思う。つまり女としての需要はそれほど多くはない。だけど、木村氏の方は趣味のサークルの中でも、とりわけもてるし、女性たちは彼に夢中なんでしょ。おそらく、それだけのルックスや話術を備えているのよ。彼が強気なのもわかる。だからさ、ミエさんのために手助けしてあげたらいいじゃない。彼女が老いらくの恋を思い切り楽しめるように。理想的な恋愛なんてね、この世にはないのよ。理屈ばかりこねている女って、ホントに男と縁がなくて当然だわね」

私の顔を見ながらこう諭すのだ。確かに納得できる部分もある。例えば株式投資だって、外貨預金だって、利益が出なければ、やる意味がない。誰もが必ず儲けられると信じて始めるものだ。でも、必ずしも投資した分以上の配当が得られる保証があるわけではない。

恋愛や結婚も同じではないか。最後の最後まで実は結果は不明だ。とはいえ、私の友人たちも常に費用対効果を計算して恋愛や結婚をしたわけではない。相手のことを愛しいと感じたら、自然に結ばれて結婚生活が始まる。私みたいに屁理屈を並べていたら、まさに「男と縁がなくて当然」である。

どうもその辺がもやもやしたまま、久枝さんに会った翌日、知人の女性編集者のノンちゃんにメールを出した。ノンちゃんは50歳前後だが、美人で聡明。小学生の頃に、クラスに一人はいただろう、頭が良くて、きちんとした女の子。宿題はちゃんとやって来るし、忘れ物もない。

クラスのリーダー的存在だが、けっして出しゃばらず、人望がある。宮沢賢治の「雨ニモマケズ」の詩ではないけれど、ああいう人に私はなりたいと誰もが思うタイプ。まさにノンちゃんがそうなのだ。しかも医療関係の専門書の編集をしているので、やたらと女性の身体の悩みに詳しい。

　そこで、ミエさんのことを相談したら、高齢女性のために膣まわりをケアする商品は数多くあるという返事が速攻で来た。その中でも森田敦子さんという方が開発した商品が有名なのだそうだ。とにかく選りすぐりの植物成分を使用しているので安心安全とのこと。しかも森田さんは植物療法（フィトテラピー）の第一人者だという。さっそくノンちゃんに頼んで実際の商品を入手してもらった。

「ワフィト」と「アンティーム オーガニック」という2つのブランドがある。どちらもデリケートゾーン用のリキッドソープ、保湿ローション、オイルなどがある。すべて植物成分に拘(こだわ)っている。

　そういえば、10年ほど前に取材した70代の女性で、やはり膣の劣化に悩んでいた人がいたのを思い出した。痛くて仕方がないのでベビーオイルを使っていると言っていた。婦人科の女医さんに相談したら「その年であんなことしなくたっていいじゃない」と冷たく切り捨てられ、ひどく傷ついたという。本当に、こういう製品がどこで買えるかもわからない時代だったのだ。

さて、手元に届いた2つのブランドのクリームなどを見ながら考えた。アンティーム オーガニックは容器のデザインが可愛くていかにもフェミニンだ。ワフィトは無地でモダンな印象。とり急ぎ手に取りやすいアンティーム オーガニックをミエさんに送った。

ちなみにアンティーム オーガニックのデリケートゾーン用のリキッドソープは2000円、同じくローションは3000円、クリームは2600円である。これに消費税はつくけれど、熟年世代には買いやすい値段だ。どんな和漢植物エキスを配合したものかも詳しく説明書に書いてあり、なんとなく信頼できる。なぜなら、私は何度か顔用の基礎化粧品で失敗した経験があるからだ。友人に薦められて、ものすごく有名で高価な化粧品を揃えたのだが、肌にまったく合わなかった。顔が赤く腫れてしまい、夫にまで「何だ、そのぶちゃむくれの顔」と指をさして笑われた。

ミエさんの住所に宅配便で送って2週間ほどしたところで、電話をした。効果を聞いてみたのだ。その間に私はワフィトを試したかったのだが、コロナにそっくりの症状があって寝込んでしまい、膣まわりどころか歯も磨けない最悪な状態だった。今、考えると感染症ノイローゼだったのだろう。それにミエさんほど切迫した需要がないのだから仕方がない。実際にはコロナではなくて、単に喉が痛くて熱が出ただけだった。つまり普通の風邪。しかし、正直に言うと、やっぱり膣のケアは健康で気持ちの余裕がなければ始められないと思い知った。ある意味では熟年の恋愛もそうだろう。衣食足りての礼節であり、大人のデリケートケアなわけだ。

さて、ミエさんのリアクションは初めに想像していたものとは、やや違った。

彼女は律儀にきちんと毎日お風呂に入って、リキッドソープで洗った。今までそんなことはしなかったけれど、特別に難しくはなかったそうだ。説明書にある通りに、洗った後はローションを清潔な手で百円玉くらいの大きさにとって、丁寧に塗った。特に痛みもなかったという。むしろ、なぜ、もっと早く手入れをしなかったのだろうと後悔した。しかし、それは恋人が出来るなんて予想もしていなかったのだから仕方がない。

そして、ミエさんが何より気に入ったのはローズの香りのするローションだった。仄かな匂いしかしないが、「あれをね、そっと伸ばすとつるつるするわけ。わかる？　滑りが良くて痛くないのよね」とのこと。

「え？　え？　それは自分で塗った時？　それともカレシが触った時なの？」

「ふふふ、両方に決まっているじゃない」

ミエさんは上機嫌な声で答える。ということは、ミエさんと木村氏の関係は新しい段階に入ったということだ。

「じゃあ、皮膚がザラザラしているのも治ったわけ？　すごいわね！」

私が感嘆すると、彼女が慌てて打ち消した。

「それはまだなの。サメ肌は簡単には元通りにならないのよ。多分もうしばらくかかるでしょうけど、私たちが愛し合う時間が終わったらね、ちゃんとまた洗って、それからホワイトクリームも念入りに塗り込むの。べたつきもないし、肌にも優しい感じなので、少しずつ大事に使って、これからも続けたいわよ。だってね、説明書にはバストとか脇の下に塗ったら乾燥によるくすみケアもできるってあったし」

いたって幸せそうなミエさんの声を聞いていると、やっぱり自分は狭量な人間だったとあらためて反省した。こんなに嬉しそうな声で話しているのだから、彼女は幸せの絶頂にいるに違いない。ケチだろうが、手抜き男だろうが、所帯持ちだろうが、幸せな時間を運んでくれる男性なら、それをもって尊しとすれば良いのだ。

「明日という日がある」とか「今日から始めれば、すべてが遅すぎるということはない」とか、私の母はまことに楽天的な人間で、常に自分は進歩すると思い込んでいた。この根拠のない自信は何なのだろうと娘の私は、いつも不思議だった。しかし、ミエさんもまた、自信たっぷりである。カレシが「あなたほど素晴らしい女性に会ったことがない」といつも言ってくれるのだから、前進を信じるのは当然だ。

となると、女性の美醜や幸不幸は客観的な視点で決め込むものではないとわかる。若くて、誰もが羨むような美貌の女性でも、家族関係が壊れてしまったり、経済的に大きな負担を負っていたら、将来に希望を抱けなくなるケースは多々ある。まして男性不信に陥っていたら、どんな男性が現れても、我を忘れて夢中になることはない。恋愛は冒険だと言うのは言い過ぎかもしれないが、やっぱり男女関係には常に博打性がつきまとうものだ。

ミエさんは高齢であり、木村氏のためにお金もかかる。その原資は心配の種だ。それでも、すべての憂いを忘れさせるのがチャンチャンの存在だ。良い恋愛とは、そんなものかもしれない。悪い恋愛は、気持ちが現実の中で安住できず、常に疑心暗鬼に襲われる。これは主観的な問題なので他人は立ち入れないことだが、悪い恋愛のどつぼに嵌ったがために、もがいている例はずいぶん見て来た。

私は自分がお節介を焼いたことが役立ったようで満足だった。長生きするのも悪くない。妥協も勘違いも含めての女の一生かというのが新しい発見だった。

そこに、元気な声で、またミエさんから電話があった。

「ちょっと別の相談なのよ。工藤さんにっていうより、ほら、あの頭の良い美人のノンちゃんに聞いてもらいたいの」

屈託のない声で喋り出した。アンティーム オーガニックのローションなどを紹介してくれたのはノンちゃんだと私が言ったので、憶えていたらしい。

「はい。はい。次はノンちゃんに何を調べてもらうの？」

「それね、出来たら会って話したいんだけど、この頃、木村が週に2回も来る時があって、私も忙しいの」

「うんうん。忙しいのね」

答えながら「うちの亭主なんて週2回どころか毎日ずっと家にいて、私は3食飯炊きしてるわよ」と心の中で悪態をつく。

ぐずぐずと逡巡した後でミエさんは3日後の土曜日の午後を指定した。以前と同じ喫茶店だ。彼女の癖で、会ってすぐには用件を切り出さない。アイスクリームを食べてから、おもむろに自分の最大の関心事を話し始めた。

「工藤さん、私の顔を見て何歳だと思う？」

いきなり直球を飛ばして来た。

「まあ、年齢相応じゃないかしら。何かの記事で読んだけど、イギリスの統計では人間ってどれほど美しくなりたいと思って、整形手術をしたりマッサージをやったりしてみても、せいぜい2歳くらいしか若返らないんですって。必ず、実年齢はわかるものなんですって」

「そうねえ、テレビで芸能人や有名人の女性を見て驚くことはあるけど、あれ顔を切って皮を引っ張り上げてシワを伸ばすわけでしょ。そうすると不自然に見えるわね」

私はそうねと同意を示すために頷きながら、ミエさんは、いったい何を言いたいのだろうと疑問だった。ごく普通の高齢女性にとっては、外科的な施術を顔にする選択肢はあり得ない。怖い、痛い、高い、その上失敗したり医療事故があったら終わりだ。

「だからね、私は考えたの」とミエさんは言葉を続ける。そういえば、今日の彼女はいつもより化粧が濃くて口紅も赤い。もしかして、突然のように顔が気になりだしたのか。それも恋人が出来たからか。

「あの人がね、いつもミエはきれいだ、可愛いって言ってくれるんだけど、この前初めて『シワが増えたね』としげしげと私の顔を見たの。この年だからシワがあっても気にしていなかったんだけど、あの人に言われたら急に気になって来て。私ってそんなにシワクチャかしら？お婆さんみたい？」

こういう質問をされるのが一番困る。彼女はけっして醜くはないけれど、若く見えるわけでもない。年齢相応である。でも、「年相応でしょう」と言えばがっかりするに決まっている。

「いいじゃない、そんなことどうだって。もう容姿で勝負する必要ないじゃない」と言ってから、あ、失敗したと気づく。ミエさんは自分の容姿で木村氏を虜にしたと思っている。私は他人以上に美人なのだという信念をしっかりと握りしめた上でのこの質問だ。

じゃあ、どう答えたら良いのか。そうだ、方向転換するしかない。

「なんで急にそんなに気にするの。ミエさんはミエさんよ。木村さんが美しいと思ってくれているんだからいいじゃない」

「そうじゃないから、工藤さんに相談してるのよ」とミエさんは恨めしそうな顔で私を睨んだ。

そして堰を切ったように話し始めた。

「最近ね、鏡を見ると自分でもわかる。ホントのホントのトコトン年寄りの顔しているって。シミとか顔のくすみはなんとか誤魔化せるけど、シワはだめよ。目の下のシワやほうれい線は日に日に深くなっている。これをなんとかする方法をノンちゃんに聞いてみてくれないかしら。切って引っ張り上げるのは嫌よ。すぐ他の人たちにわかるから。サークルの人たちなんて、どうせ私が色ボケしたって陰口叩くに決まっているわ。ね、何か自然にシワが伸びる方法ってあるんじゃない？　探してちょうだいよ、なるべく早く、ねぇお願い」

　こうなると、もうミエさんは他人の意見には耳を傾けないことを私は知っている。

「わかったわ。近いうちにノンちゃんに連絡して聞いてみるから、ちょっと待ってね」と、その日はミエさんを懸命になだめて、別れたのだった。

# 第八話　私はゴースト。もう会えない

英語というものは難しい言語だと思う。近頃の若い人は、流暢に外国語を操る人がたくさんいる。バイリンガルどころかトリリンガルもよく聞く。

ふり返ってわが身を考えると、どうも英語の能力に浮き沈みがあったようだ。たとえば今すぐにアメリカへ行って、現地で取材をして来いと言われたら、72歳の私はまったく役に立たない。なにしろ日本語の単語だって片っ端から忘れているのだ。どうやって英語を話せというのか。おそらく私の英語の語彙は中学生と同じくらいだろう。

そもそも昔から、英語の文法を間違えたらみっともないという思いしかなかった。こんなに英語コンプレックスが強かったら上達するはずがない。

ところが、37歳から42歳までの間だけ、とても自由に英語が口から飛び出した。理由は今もって不明だが、唯一考えられるのは、仕事のために膨大な英語の本や外交文書を読み込んでいたことだ。頭にかなりの分量の英語が流し込まれたから、それが蛇口から漏れ出て来たのかもしれない。

いずれにしろ39歳の夏、私は稀有な体験をした。僥倖と言っても良いような一人のイギリス人女性との出逢いがあった。場所はロンドンから車で3時間ほどかかる、のどかな田舎町だった。目的があって、私はその町を訪れた。そして、おそらくは生涯でただ一度だけ、英語で外国人と心を通わせて話し合うことができたのである。もはや自分が英語を話していることさえ忘れて会話に没頭した。そして現在、彼女の年齢に近くなってみるとわかるのだ。それがいかに女性の老いの神髄に深く触れる言葉の数々だったかと。

令和の日本で、西脇順三郎という名前の詩人を知っている人は少ないだろう。だが、文学関係者は聞き覚えがあるはずだ。

西脇は明治27年1月に新潟で生まれた。同世代の文学者と言えば少し早いが明治19年の谷崎潤一郎、遅ければ明治32年の川端康成がいた。明治27年生まれの有名作家は江戸川乱歩くらいだろうか。詩人の室生犀星の誕生は明治22年だ。

彼らは皆、明治維新以降の日本で西洋文化の洗礼を受け、口語体で作品を書くようになった世代である。漱石や鷗外を経て、ようやく新しい日本語が円熟期を迎えたのだとも言える。ノーベル文学賞の候補者が出たのも当然の流れだった。

私が西脇の名前を初めて聞いたのは中学生の時である。西脇がノーベル文学賞の候補になっていると新聞などで報じられた。この時は谷崎潤一郎も候補者の一人だった。

だが、西脇と谷崎には大きな違いが一つある。谷崎の作品は英語に翻訳され注目されていた。太平洋戦争が終わり、欧米では日本文学に興味を持つ優秀な研究者が次々と現れていた。谷崎も川端も井伏も三島も、ノーベル賞の候補となったのは、こうしたジャパノロジストたちの真摯な仕事に負うところが大きかった。ドナルド・キーンやエドワード・サイデンスティッカーはその先駆者としてよく知られている。

ところが西脇は違った。慶應大学を卒業後に外務省などに勤務した後、大正11年にイギリスに留学している。彼の郷里の小千谷市には、西脇の英語にまつわる伝説が数多く伝えられていた。中学時代のニックネームは「英語屋」であり、すでに授業のノートはすべて英語で取っていた。大学を卒業する際の卒論は、他の学生が英文で提出するのに対し、それでは簡単過ぎると思いラテン語で書いた。

大学からの資金援助を得て、渡欧した西脇は、しばらくの間ロンドンで生活している。ここでイギリスの若手詩人、評論家、ジャーナリストなどと親交を結んだ。

そして、西脇の人生に「大回転」が訪れる。ロンドンのピカデリーサーカスにある「カフェロイヤル」で、マージョリー・ビッドルという若い女性画家と出逢ったのだ。彼らはたちまち恋におちた。後に西脇は「ロンドンに半年以上ぶらついたということは私にとって非常な危機であり、また大回転をやった」と書いている。

この頃から西脇は英文の詩を次々と発表し始めた。それはT・S・エリオットと一緒に文芸誌に掲載されたりした。英語を母語としない日本人としては、これまであり得ないことだった。西脇の詩は高く評価され、英文での詩集も刊行された。戦後になって、西脇が書いた英語の詩を読んだエズラ・パウンドが、ひどく感銘を受けてノーベル賞候補に推したのは有名な話である。つまり西脇は初めから英語の作品でイギリスの文壇に登場した。翻訳者の力を借りずにノーベル賞候補となった唯一の存在だった。

では、西脇の詩はどのようなものだったのだろう。

おれの骸骨の鳥籠の中で
おれの心の駒鳥が
第七と第八の肋骨の間で首を縊つた

大正15年に発表された「恋歌」という詩からの引用だ。自分の肋骨を鳥籠に例える詩人の感性は、かなりシュールである。

さて、恋におちいった西脇の行動は素早かった。オックスフォード大学へ入学する時には、どうやら彼女を連れて行ったようだ。そして翌年結婚した。西脇が30歳でマージョリーが24歳だった。新婚旅行は大正13年7月である。チチェスターという海辺の町に一軒家を借りて2週間を過ごした。これは西脇の実家が新潟でも有数の資産家だったから出来たことだ。そして大正14年11月に、西脇は新婚のマージョリーを伴って日本へ帰国した。

二人が8年にわたる結婚生活にピリオドを打ったのは昭和7年だった。マージョリーは単身で日本を去った。この間に何があったのかは、あまり詳しくわかっていない。ただ、マージョリーには日本人の男性と結婚したのだから、自分も日本語を学び、慶應大学の教授である夫を支えようという発想はなかった。彼女は画家だという強い自負があった。残された絵には非凡な才能が感じられ、精神的には完全に自立した女性だったと思われる。

次第に軍国主義化が進む日本で、マージョリーは居心地の悪さを感じていたのではないか。西脇もまた昭和8年から22年まで、ほとんど詩作を中止している。

かつてカナダに住んで、英語で悪戦苦闘していた頃に私は、西脇順三郎の詩に惹かれ、彼の伝記を書き始めた。西脇は、自分の詩は自伝のようなものだと語っている。ところが、どんな作品にも直截(ちょくせつ)にマージョリーを描写した言葉など一片もないのだ。彼女と特に親交のあった人の証言も残っていない。マージョリーの出自や人柄は謎に包まれていた。

ところがある日、晩年のマージョリーと親しかった女性がロンドンの近郊にまだ健在だとわかった。私はすぐにその女性に電話をしてアポを取り、ロンドンへと向かった。

それが、平成2年の初め頃のことではなかったかと思う。ドクター・ウイリアムスという女性の年齢を尋ねたら78歳だという。マージョリーより12歳年下だった。30分ほど雑談をしている間に、硬い表情だった彼女の口調は次第にほぐれてきた。

「そう、マージョリーは日本から直接イギリスには帰らなかったのよ。インドに行ったの。通訳でもしていたのかしら。そこへベニーがヨーロッパから来たらしい。ベニーの国籍はイギリスだけど、彼はユダヤ人でドイツ語も話したわ。とにかくインドで巡り会って二人は結婚したの。たしか真珠湾のすぐ後だったたと思う」

日本軍がハワイの真珠湾を奇襲攻撃したのは昭和16年12月8日だ。日本とイギリスの中間に位置するようなインドで、彼女は9年間を過ごしたが、太平洋戦争が勃発した後、イギリス人男性と結婚する。

二人はドクター・ウイリアムスが住む村に昭和30年代には移り住んでいたようだ。夫のベニーはチェロを弾く音楽家だったが「それで稼いでいたとは思えなかった」そうだ。

しかし、彼らが住んでいた家が、その当時はまだ村に残っていた。立派な佇まいの邸宅だった。生活に困っていた様子はない。

マージョリーの夫が亡くなったのは昭和48年頃だった。そして西脇も昭和50年に、二度目の妻だった冴子と死別した。

この昭和50年に起きたあるドラマをドクター・ウイリアムスは、昨日のことのように鮮明に記憶していた。

「クリスマスが近い日だった。吹雪の日だったけど、私は用事があって外出したの。そうしたら、マージョリーが道の向こうから歩いて来るのが見えたのよ。彼女の顔はピンク色に輝いていてね、私は道路のこちら側から、大きな声で話しかけた。『マージョリー、どうしたの？そんな嬉しそうな顔をして』って」

ものすごい吹雪で遠くはよく見えなかった。それでも舞い乱れる雪の間から、マージョリーの表情が窺えたそうだ。

「彼女が答えたのよ。『ジュンザブローから昨日、手紙が来たの。彼の妻が亡くなったんですって。それで私に日本に会いに来てくれって言うのよ』って。そりゃあ嬉しそうだったわ。とっても嬉しそうだった」

この時マージョリーは75歳、ドクター・ウイリアムスは63歳だった。まるで十代の少女のように、二人は道端に立ったまま、吹き荒ぶ雪の中でジュンザブローの話をした。

国際電話はとても高価で、まだメールもなかった時代だ。会いたかったら、どちらかが出掛けるしかない。81歳の西脇には、イギリスまで彼女に会いに行く体力はなかった。

「私たちね、一緒に日本へ行くことにしたのよ。私は1969年（昭和44年）に一度行ったことがあるの。それで、マージョリーが私に一緒に行って欲しいと言ったのよ。その気持ち、あなたもわかるでしょ？」

43年ぶりに日本に行くマージョリーの気持ちに不安がなかったはずはない。昭和50年といえば、大阪万博が終わって5年。東京は様変わりし、狂乱のバブル時代の黎明期はすでに始まっていた。私は「もちろん。わかります」と大きくうなずいた。ところが、ドクター・ウイリアムスの次の言葉は私をひどく驚かせるものだった。

「もう全部プランを立てて、出発する日も決めていたの。それなのに、あれはいつ頃だったか忘れてしまったけれど、ある日マージョリーが昔の自分の写真をじっと見ていた。若い頃の写真ね。そして、ポツンと呟いた。『老人はゴーストね』って。ゴーストだから日本へ行くのは止めるって急に言い出してね、それで本当に止めてしまった」

この時に私は自分がどんな反応をしたのか憶えていない。なぜなら、「ゴースト」という言葉の意味が、まったくわからなくなってしまったからだ。お化け？　幽霊？　亡霊？　抜け殻？　いや、そのどれも違っていた。しかし、誰でも知っている単語だけに、あえて意味を聞くのは躊躇（ためら）われた。おそらく、ドクター・ウイリアムスにも、本当の意味がわからなかったのかもしれない。ましてまだ30代の私は、ただマージョリーが固い覚悟で日本行きをキャンセルしたことしか理解出来なかった。

でも、72歳になった今の私は、彼女の心情を多少は推し量れる。マージョリーは大柄で意志的な顔立ちをした美しい女性だった。その英語を聞けばアッパーミドル・クラスの家に育ったとわかったという。画家として最後までマチスを彷彿させるような絵を描き続けた。豊かな画才を持った女性だったが、イギリスに帰国してから、中央の画壇との関わりはなかった。静かな村で平穏な余生を送った。しかし、あの時にドクター・ウイリアムスが見せてくれたマージョリーのスケッチブックを私は今でも忘れない。それは生き生きと躍動するような女性たちのヌード画だったのだ。なんという生命力だろうと感嘆した。80歳を過ぎた女性の枯淡の境地などというものではなかった。

マージョリーはもしかして、かつての夫との恋が再燃するのを恐れたのではないだろうか。西脇は詩人としてノーベル賞候補に何度も挙げられた。英文学者としても名を成した。男としての自信に満ちていただろう。なにより、二人はお互いを嫌いになって別れたわけではなかった。マージョリーにとって、戦前の日本は息が詰まるような窮屈な場所だったのだ。しかも、西脇の実家は新潟にある。二人で里帰りした時はたくさんの人々が珍しがってマージョリーの姿を見るためぞろぞろと付いて歩いた。これにマージョリーは辟易とした。不快感を表わしていたという話を聞いたことがある。また西洋人であるというだけの理由で敵国人とみなされ、日本を去った外国人も多かった。だが、すっかり西洋化して自由になった日本で、ふたたびジュンザブローに愛を告白されたら、自分はそれに応えられるだけの若い肉体を持ってはいない。私はもはやゴーストなのだ。そう気がついて止めたのではないだろうか。

そしてつい最近、私は突然のようにドクター・ウイリアムスがしみじみと語ってくれた言葉を思い出した。取材が終わり、もう帰ろうと立ち上がって挨拶をしていた時だった。

「私ね、5年前にジョージと知り合って、とても仲良くなったの。ジョージとは気が合ったのね。楽しかったわ。彼はこの村に住んでいて、私より2歳年下だった」

なぜ、78歳の彼女が友人のジョージについて語り始めたのか、わからないまま私はもう一度、椅子に座り直した。

「ジョージがね、つい5カ月前に亡くなってしまったの。もちろん、この年になっていたら、お互いに何が起きるかわからないけれど、でもねえ」と深いため息をついた。

私は、ジョージという男性はちょうどマージョリーのように、とても親しい友人だったのだろうと思った。マージョリーが亡くなった時に気落ちしたのと同じように寂しくなったと言いたいのだろう。

「すごくよくわかります。親しい友人を失うのは誰にとっても悲しいことです」と当り前の返事をした。

すると、ドクター・ウイリアムスはじっと私の顔を見て、少し逡巡するような表情を見せた。長い会話の中では見せなかった弱々しい眼の光だった。

「あなた、わかる？　私の年齢になるとね、もう新しいパートナーをみつけるのは難しいのよ。ジョージとはすべてが上手くいったの。なにもかもね。だから辛い。とっても耐え難いのよ」

私はパートナーという言葉には、肉体的な関係のある恋人という意味が込められているのかと初めて気がついた。しかし、驚愕の方が大きくて、何と慰めて良いのか言葉が浮かばなかった。

あたふたと彼女の家を去った私は、まことに勘の悪い中年女だった。しかも、ごく最近になって、このドクター・ウイリアムスの打ち明け話を思い出して、はっとした。なぜ、彼女は見ず知らずの日本人の私に、あんなプライベートなことを打ち明けたのか。よほど心が弱っていたのだろう。しかし、あの話をした時以外の彼女は、実にディグニティー(威厳)に溢れる老婦人だった。

では、何故と考えていて思い当たった。私はマージョリーは75歳なのだから、今さら81歳の別れた夫との恋が再燃するなんて、これっぽっちも想像しないで話を聞いていた。78歳のドクター・ウイリアムスはそれを感じ取った。そしてどんなに高齢でも恋は恋だと自分の今の心境を述べることで暗に語りたかったのではないだろうか。他にマージョリーの取材で訪れた初対面の私に、ジョージとの恋愛を話す必要はなかっただろう。

人間は、その年齢にならなければわからない事実というものがある。老人だからといってけしてゴーストではないと、マージョリーとドクター・ウイリアムスは私に教えてくれたのだった。

# 第九話

## 〝老け顔〟という煩悩にはまって

これは多分、普通の人には起きないことだろう。それがわが身に起きた。しかも3回連続して。

といっても、けっして致命的な問題ではない。もはや人生が終わったと嘆くほどの悲劇ではない。いわば、きわめてちっぽけで笑っちゃうような不幸である。それでも、今回はけっこうなインパクトがあった。

まずは3月のこと。久しぶりに両国にある母の実家を訪ねた。祖父が国技館の横に工藤写真館を開業したのは昭和4年だった。この年に生まれた明叔父さんが、後に写真館を継いだ。その叔父さんも6年前に亡くなって、今は従弟夫婦の代になっている。

明叔父さんの奥さんは87歳だがいたって元気。私が玄関を入ると、すでに神田川の鰻重を出前で取って、待っていてくれた。すっかり嬉しくなった私は、毎年夏になると親戚の子供たちと一緒に、写真館の屋根の上から花火見物をしたのを思い出し、古き良き昭和モードの思い出話で盛り上がった。

帰りは京葉道路に出てタクシーを拾って帰ると言ったら、叔母さんが「それじゃあ、美代子ちゃん、そこまで送って行くわ」と気軽に立ち上がって一緒に来てくれた。72歳の私を「美代子ちゃん」なんて呼んでくれるのは、もう叔母さんくらいのものだ。

「あなた、加藤さんを大事にしなきゃだめよ。大事にしてあげてね」とタクシーに乗り込もうとする私の手を握って、叔母さんが何度も繰り返した。加藤さんとは、私の夫の名前だ。

「大丈夫よ。ちゃんとまだ生きているから」と笑いながら答えて、私はタクシーに乗り込んだ。

動き始めてから振り返ると、叔母さんがずっと心配そうにこちらに向かって手を振っている。

その姿がだんだん小さくなってゆく。

「お客さん、あの人お名残惜しそうになさっていましたね」

中年の男の運転手さんが話し掛けてきた。

「ええ、ずっと会っていなかったから」

私はちょっとしみじみとして答える。

「ああ、やっぱりねえ。お客さん、あの方は同級生なんですか？　昔の仲良しのお友達ですか？」

え、え、と私は思わず耳を疑った。同級生ってどういう意味か？　お料理学校とか着付け教室の同級生？　まさかねえと考え込んでいたら次の矢が飛んできた。

「高校時代の同級生とかですかね」

ここでなんと答えたらいいのだろう。わからなくて曖昧にただ笑ってみせた。

さっきも書いたが、叔母さんは87歳。私より15歳も年上だ。もともと若く見える人で、つい数年前までは「松坂慶子さんにそっくりですね」などとよくお客さんに言われていた。

若見えの責任は、もちろん彼女にはない。つまりというか、もちろんというか、私が老け顔なのだろう。だが、老けて見えるなんて、自分では一度も考えたことがなかった。誰にも言われた憶えはない。いささか落ち込んだけど、こんなこともあろうかと、この日はなんとか気持ちを立て直した。

そして1カ月ほどが過ぎた頃、渋谷に出る用事があって、自宅にタクシーを呼んだ。

予約の時間より少し遅れてマンションの前につけてくれた運転手さんは、道路に迷ったらしく、声が尖っていた。

「お客さん、この辺は道が狭くてごちゃごちゃだね。ナビ入れても全然だめ」

「そうなのよ。ごめんなさい。世田谷は昔の田んぼの畦道がそのまま路地になっているからわからないって、いつも運転手さんに言われるの」

「ですよね。でも、この土地に住んでる人はわかるのかなあ。さっき乗せたのも、やっぱりお客さんみたいに80過ぎの女性だったんだけど、テキパキ道順教えてくれたんで、すぐに抜けられましたよ」

「はあ」と呟いて、私は沈黙した。

どう見ても私は80代なのか。そういえば、コロナのために、エステは3年以上行っていない。ヒアルロン酸の注射を打ってもらったのも、ずいぶん前だ。

いや、たまたま不運が2回重なっただけかもしれない。外出時はマスクをしているから、お化粧とは無縁の生活が続いている。つまりはいっぺんに年を取ったのだろう。ここはもう現実を受け止めようぜ！　と自分に明るく言い聞かせた。コロナになんぞ負けてたまるか。老け顔はコロナのせいなんだ。

しかし、そのわずか2週間後のことである。ある出版社の社長がランチに招待してくれたので、後楽園飯店へ向かった。ここは王さん、長嶋さんなど著名な野球監督たちが、しばしば訪れた店とのこと。しかし野球監督どころか有名人と呼ばれる人との付き合いも皆無の私は、その店がどこにあるのか見当もつかない。やっぱりタクシーで行こうと、またしても自宅にタクシーを呼んだ。

そうしたら、運転手さんはなぜか後楽園飯店と聞いて、東京ドームホテルの入口で私を降ろしてくれた。恥ずかしながら東京ドームを見たのもこの時が初めてだ。

ホテルの中に後楽園飯店があるものだと思い込んで、ロビーに立っているボーイさんと思しき青年に尋ねてみた。

「すみません。後楽園飯店は何階にありますか？」

「えっと、あれは隣のビルなんです」

親切に青年は右側を指差した。

「じゃあ、1回外へ出なければいけないんですね？」

もう入口のドアに向かって歩き出そうとすると、青年が慌てて首を横に振った。

「大丈夫です。この建物の中で繋がっていますから、ロビーから行けますよ。道順はですね」

と言いかけて急に声が止まった。

「道順が難しいんですか？」

「いえ、その、途中に階段があるんです。2階まではエスカレーターで上がれるんですが、その先は階段しかなくって」と答える。

「あっ、そうですか。階段は長くって急なんですね」

彼が口ごもったのはそのためだろうと私は思った。

「いえ、そんなに急じゃないし、たくさん上がるわけではないんですが、でも、杖なんかお持ちじゃないですよね？　うーん、どうしようかなあ、大丈夫かなあ」

あんまり何度も私を見るので、こちらも心細くなって、尋ねた。

「いったい何段くらいあるんですか、その階段って」

「それが一度上がって、また下がるものですから」

「けっこう大変ですね。それで合計で何段くらいあるんですか？」

青年はまだ私を見ながら躊躇していた。

「うーんと、そうだなあ上りも下りも10段くらいはありますかねえ」

たった10段かと私は拍子抜けした。そんなの楽勝で上ったり下ったりできる。「行けますよー」と軽やかに返事してエスカレーターに向かったら、背中から青年の張りのある声が響いた。

「お客様、くれぐれもお気をつけて、ご無理なさらずに、よくお足元をご覧になっていらして下さい」

へっとため息が出た。いったい私を何歳だと思っているのだろう。腰だって別に曲がっていない。あっそうか、顔がまた80代に見られたに違いない。これで3回目だ。

後楽園飯店の名物であるフカヒレ麺は、本当に美味しかった。野球選手は、試合前に5、6杯は普通に平らげてしまうという名物料理。でも、私の頭の中は「老け顔」でいっぱいだった。

思えば、ミエさんとの約束も忙しさに紛れて忘れていた。彼女は恋人の木村氏に、顔のシワが増えたことを指摘されて、えらく傷ついた。これを伸ばす方法をノンちゃんに聞いてみてと頼まれていた。でもミエさんは83歳じゃないか。もう今さらどうでもいいだろうと私は内心では思っていた。

しかしである。もし今の私の顔にミエさんと同じくらいシワがあるとしたら、とても看過できない事態だ。自分では認識していなかったけれど、脳内イメージにある私の顔と他人様の目に映る実際の顔との間には、10年以上の落差がある。

翌日、私は物知りのノンちゃんに電話をした。緊急にシワを伸ばしたいのだがと相談したら、すぐに「無理、無理」と返された。

どんな施術をするにせよ、あなたくらい深いシワだと即効の治療法などないのよ、とのこと。しかし、6カ月間待つつもりならば、効果が期待できる施術があるという。もうこうなったら藁にもすがる思いで「待つ、待つ。半年くらいかまわない」と電話口で叫んでいた。

本来なら、この情報をミエさんに教えてあげるのが筋なのだが、今回ばかりは自分が先に試してみようと思ってしまった。

別にミエさんに対抗心を燃やしているわけではない。しかし、市販のローションやクリームなどと違って、これは他人へ紹介するのには注意が必要だ。外科的な手術ではないから危険はない。ただ、費用がけっこうかかる。それで効果がなかったら、私は責任が取れないだろう。自分の顔なら、やっぱり老け顔だったとあきらめがつく。煩悩は消え去るはずだ。

というわけで、忙しいノンちゃんを拝み倒して一緒に、銀座にある「ＲＤクリニック」に行ってもらった。予約はノンちゃんに頼んだ。

しっかり者のノンちゃんは事前にパンフレットなどの資料を送ってくれた。さすがは医療関係の書籍の編集者である。

でも、そのパンフレットはけっこう難しい内容だった。簡単に述べると、これは皮膚の再生医療だ。当然、皮膚というものは年齢と共にシワ、クマ、タルミなどが出て来る。それは、肌細胞を作り出すコラーゲン、エラスチン、ヒアルロン酸が急激に減少し出すからだそうだ。

ここまでは私でもすんなり理解できる。年齢相応に肌が衰える実感は誰もが経験しているだろう。そのため私だって87歳に見えたりするのだ。

では、そのいささかくたびれた肌をどうするのか。もちろん、基礎化粧品の多くは肌に艶や張りが蘇ると謳っている。だけど、いくら高価な化粧品を塗りたくっても、周囲の人が驚くほどの〝劇的〟な若返りを経験したことはない。いや、ちょっと待てよ、私が思う高価な化粧品とはだいたいが海外で買う50ドルくらいの安物ばかりだ。それでは奇跡は起きないだろう。

ＲＤクリニックで実施しているのは、まず、顔の肌に比べて紫外線によるダメージが少ない耳の裏側から米粒ほどの皮膚を採取する。

ちょっと話を先取りするが、実はこの皮膚の採取というのが、私には引っ掛かった。いや、怖い気がした。痛いかなと身構えていたのだが、実際には麻酔薬を塗布してくれたので、ほとんど痛くなかった。

その皮膚を細胞培養加工施設で１万倍に増殖させるのだそうだ。よって初日は米粒ほどの皮膚を採って診療は終わる。そうそう、血液も１４０cc ほど採取された。次は5週間後に来て下さいと言われる。それまでに、わが皮膚の細胞が１万倍に増えるのだ。でも、無駄に増やすのではなくて、数年間は保管してくれる。凍結保存される。「セルバンク」という会社が預かってくれて、もっと肌が衰えた時に顔に戻すらしいけれど、この時は私はまだそこまで思いを巡らせる余裕がなかった。

だいたい、どうやって細胞を皮膚に戻すのだろうと考えていたら、このクリニックで施術をして下さる北條元治先生が詳しく説明してくれた。

見るからにスポーツマンらしくて、すらりと長身の先生は、頭の回転がいかにも速そうだ。つまりＩＱが高い人。そうじゃなかったら、こんな画期的な施術を実践しないだろう。お医者さんは見た目じゃないというけれど、患者にしてみると初めの手掛かりは外観しかない。なんとなく安心な感じのお医者さんは嬉しい。

後から考えると私は北條先生には主に３つの質問しかしなかった。

「どうやって皮膚を顔に戻すのですか?」

「施術は痛くないですか?」

「私は80歳以上に見えるほど老け顔ですが大丈夫ですか?」

これに対する先生の回答は明快だ。

まず、顔の中でも法令線とか目の下とか特に気になる部分などに少しずつ注射をする。回数は人によって違うけれど２００回から３００回くらいらしい。細い注射針でちょこちょこと入れて行く。

痛さは個人差がある。まったく平気な人もいるし、痛いと言う人もいる。でも、切ったりするわけではないから、想像を絶するような痛みではない。

そして患者さんの中には80歳以上の方がいる。若ければ若いほど細胞は新しいから、それに越したことはないけれど、減少してしまった細胞を補充する治療なので、その効果は十分に見込める。

とまあそんな予備知識を仕入れた。あまり不安を感じなかったのは、先生の説明がすっきりと要点を衝いていたからだろう。それに、もう72歳ともなると失うものは何もない。少しでもシワが伸びたら有難いと思うだけだ。長年連れ添っている自分の顔が、突然美人になるようなマジックなんて、この世に存在しないことは十分承知している。

一番気になっていたのは料金なのだが、これは大体50万円くらいかららしい。というのも人によっては広範な治療を望むケースもあるし、とにかく法令線だけ消えたら嬉しいとか、それも右側の法令線だけなんとかしてもらいたいといった希望の人もいる。だから料金は患者の希望によって変わる。

試してみたいと思う方はまずはネット検索して、このクリニックのホームページを読み込んで、後は電話ででも相談することをお勧めしたい。受付をはじめ看護師の女性たちはとても感じが良い対応をしてくれる。

後日、わが細胞の培養が無事に終わったらしく、RDクリニックから連絡があって、いよいよ細胞移植の日となった。施術後は顔が腫れるので、2、3日は人前に出られないと聞いていたけれど、私の場合は翌日にはもうほとんど腫れは引いてしまった。編集者さんとの打ち合わせがあったが、まったく気がつかなかった様子だ。もっとも若い男性編集者は私の顔なぞしげしげとは見ていない。

さらに2週間後には2回目の施術があった。なぜかこの時のほうが、チクチク注射するのがとても痛く感じられた。「イタタ、イタタ」と大騒ぎをしたらしい。終わった後で北條先生に「あのう、私は注射を痛いと言うほうですかね？　それとも他の皆さんも同じく痛いとおっしゃいますか？」と尋ねたら、「いやあー、すごく痛いと言うほうですよ」と答えられた。きっと先生は呆れたのだろう。「すみません」と小さくなって謝った。ノンちゃんも2回目は一緒に来てくれたのだが、しょうがないなあと笑っていた。

この結果がはっきりわかるのは今年の年末くらいになる。めでたくシワが伸びていたらミエさんにも知らせるつもりだ。私は若く見られたいなんて野望はないけれど、せめて年齢相応の顔になりたいと祈っている。ささやかな願いだけれど、もし実現したら、今まで背負っていた重い煩悩から解放される気がするのだ。

# 第十話　その恋は国際ロマンス詐欺です

最近よくテレビやネットで報じられている国際ロマンス詐欺。ついこの間まで、そんな事件は、自分とは無関係な遠い世界のことだと思い込んでいた。千波さんに再会するまでは。

彼女と私の付き合いは、もう40年以上に及ぶ。年齢も同じだ。団塊世代のど真ん中。東京の近郊に住んでいて、娘さんが二人いるのだが、すでに結婚して独立している。一人は静岡で、もう1人は名古屋で暮らしているらしい。親子関係の詳細は知らないが、べったりと密着した感じではなさそうだ。

旦那さんの酒井さんは4歳年下だった。あるデパートの呉服部で働いていた。私の母が彼の顧客だった関係で、月に一度は反物を持って実家に顔を見せた。

まことに好人物であり、無理に高価な着物を売りつけようともしないので、母も気に入っていた。そんな酒井さんが、「今度結婚することになりまして」と恥ずかしそうな顔をしながら千波さんを伴って現れたのは、いつ頃だったろう。彼女は女子大で日本文学を専攻して、卒論は「川端康成における女体嫌悪」がテーマだったという。もう川端が逗子の仕事場で自殺をした後だった。

なかなか面白いと私は興味を感じた。恋愛小説をたくさん書いた作家でも、愛していた対象が相手の女性だったのか、あるいは恋愛をする自分そのものなのか、はたまた女性に付随する何かの幻影を追っていたのか、よくわからないケースは多々ある。川端という作家は美しい女性が好きだったが、そこに生々しい肉体が介在するのを無意識に避けていたのではないかというのが千波さんの卒論の主旨だと聞いた。

私は彼女の説に共感を覚えた。自分の過去の恋愛を思い出してみても、本当に彼らを愛していたのか自信がなかった。ただ自分に好意を寄せてくれているからとか、親が喜ぶような条件の相手だったからとか、まことにいい加減な理由で恋におちいったと信じようとした。そのためか、相手に対して強い執着を感じた記憶は一度もなかった。

それ以来、千波さんは時々私に電話をくれて、よく表参道や銀座でお茶をした。やがて彼女は子育てに忙しくなり、私たちの間は次第に疎遠になっていった。

だから母の葬式に来てくれた彼女に挨拶をして以来、実に15年ぶりに千波さんから連絡があった時は、何だか不吉な予感がした。幸せに暮らしていたら、大昔の友人に電話なんかしないものだ。

新橋の天ぷら屋で再会した千波さんは痩せていた。顔色も悪くてやつれている。何があったのかを聞く前に、彼女から口を切った。旦那さんである酒井さんが、8年ほど前に脳溢血で亡くなったという。まだ59歳の若さだった。あまりにも呆気なく旅立ってしまったので、今でも現実感が湧かない。それでも娘たちが大人になっていたので、葬儀万端すべて手配してくれて助かった。生命保険も3000万円出たし、会社は定年前だったが、満額の退職金を支給してくれた。その意味では自分はラッキーだったと千波さんは微笑む。

しかし、続けて彼女は意外な言葉を口走った。

「私ね、来月の10日になれば株を売却した代金が入る予定なの。だから、ちょっとそれまで、お金を貸してもらえるかしら？」

右手で前髪をさかんにかき上げて、緊張した表情である。

いくらくらい必要なのかと、その金額を聞く前に私は答えていた。

「ごめんなさい。私は親族や友人と、お金の貸し借りはしないことにしているのよ」

「あら、でもね、たった1000万円でいいのよ。すぐに返すんだから用立ててもらえない？お願い」

千波さんに言われてドキリとした。夫の年金とわずかな貯蓄を切り崩しながら暮らしている私にとって1000万円なんて、途方もないほどの大金だ。頭を下げて「とても無理だわ」と断った。

それでも彼女は不満だったのだろう。利息は1割付けるとか、証文も書いて来たのにとか、しばらく粘っていたが、私が首を縦に振らなかったので、あきらめてその日は帰っていった。

今になると、私はいささかの悔いを感じる。なぜお金が必要なのか、もっと親身になって聞いてみるべきだった。そうすれば、千波さんにお金を貸したというわけではない。どんな理由があっても、お金の貸し借りはしないが、千波さんが抱える問題の深層に触れていたら、多少の助言が出来たのではないかと思うのだ。その後も千波さんから何度か電話があった。

そうこうしているうちに1月が過ぎて2月になった。ものすごく切羽詰まった声で千波さんがどうしても私の家に訪ねて来ると電話口で言う。無下にも断れなくて承諾した。

現れた千波さんはさらに痩せて、枯木のようだった。私は心配になった。何かが彼女の身に起きている。

「話して。全部話して。お金のことでしょ」

とにかく長い付き合いで、彼女の家庭のことはよく知っている。旦那さんはいたって常識的なサラリーマンだったし、夫婦仲も円満だった。私は今でも娘さんたちと年賀状のやり取りをしている。

やっと彼女が絞り出した言葉は私の想像の埒を越えていた。

「やられたのよ。3000万円。主人の保険金をそっくり。だけどね、テッドが悪いわけじゃないのよ。彼の会社の上司が悪いの。テッドだって困っているの」

まったく意味がわからない支離滅裂な説明をする彼女の声にじっと耳を傾けていたら、ある程度の事情は見えてきた。

人間は、ものすごく大きな失敗をしてしまった時、無意識に言葉を選んで、なるべく自分には落ち度はなかったというふうに説明したがるものだ。だから、私が千波さんの打ち明け話から、そんなにはっきりした経緯を知ることが出来なかったのも仕方がなかった。あまりにとんでもない話で、彼女自身もその現実をまだ体内で消化し切れていなかったのだろう。

とにかく彼女はある日、香港在住の日系3世だというテッド・タカヤマと名乗る男性とフェイスブックを通じて知り合った。千波さんは71歳で、相手は44歳だ。日本語が堪能で、大手の証券会社に勤務。妻とは離婚して独身とのふれ込み。

写真で見たあなたの美しさに一目惚れをしたと臆面もなくテッドは彼女を褒めたたえた。いかにもエリートサラリーマンという感じの細面のハンサムで、目元がきりりとしていたという。千波さんのプライバシーを守るために、これ以上詳しくは書けないのだが、たまたまテッドの上司の飯沼さんという人が、亡くなった酒井さんの知り合いだったため、彼女はすっかりテッドを信用してしまった。

今から考えると、その上司がはたして本当に酒井さんと知り合いだったかは疑問だ。千波さんは旦那さんの口から証券会社の役員である飯沼さんの名前など耳にしたことはなかった。しかし、飯沼さんは、彼がデパート勤務だったことや年齢やすでに故人であることを知っていた。もちろん千波さんのフェイスブックを見れば、すべてわかることであるが。

千波さんとテッドのメッセージのやり取りが、どのように行われたのか私にはよくわからない。メールとラインが精一杯で、ＳＮＳやフェイスブックなどにタッチした経験がないからだ。しかし、千波さんの語るところでは、テッドは一日に何回も連絡をよこし、そこには忙しそうに香港やニューヨークを歩く写真も添えられていた。

これから上場する会社の株を買えば、絶対に値上がりする。内部情報を入手しているから買ってみないかと勧められたのは、知り合って1カ月後くらいだった。上司の飯沼さんは昨日10万ドルを投資した。もちろん個人としてである。本当は会社では禁止されているのだが、もしも千波さんも投資したかったらボクの名前で買ってあげてもいいよと言って来た。

堅実な千波さんは、すぐに断った。彼の名義で買うのは奇妙に感じたからだ。正直にテッドに告げると、彼は「あなたと結婚するつもりでいる。あなたさえ良ければ」と性急にプロポーズするのだ。なんと返事をしたら良いのか呆然としてしまったが、テッドは毎日せっせと愛の告白を続けた。

私の想像では、この辺から彼女も彼のペースに巻き込まれて、すっかり恋愛モードに突入したのだろう。思い切って香港へ行って、テッドに直接会ってみようと決心したらしい。

「ところがね、テッドから上司の飯沼さんが年末に仕事で日本に行くから、彼をアテンドしてあげて欲しいって頼まれたの」

千波さんは亡くなった酒井さんの知り合いだから、挨拶くらいはしなければと考えたらしい。

なぜテッドは日本に来ないのか、それも疑問だったが、単刀直入に当人に尋ねる勇気はなかった。

飯沼さんという50代くらいの紳士が千波さんの家を訪れたのは、クリスマスの数日前だった。かつては、日本の証券会社に勤めていたが、香港の会社に誘われて早期退職した。その香港の会社とは日本と中国の合弁会社だと説明された。彼の直属の部下がテッドだった。

「あなたにお会いしてわかりました。こんな美しい人ならテッドが夢中になるのも当り前だ。私だってあなたと結婚したいです。もちろん、あなたを幸せにします」と飯沼さんは瞳を輝かせながら、千波さんの顔を何度も見たそうだ。

「なんでそこで、これは怪しいと気づかなかったのよ」と、私はかなりきつい調子で彼女を詰った。友人に対して、あんなに激しい口調になったのは初めてかもしれない。だって70歳を過ぎた女性に、初対面でいきなり血迷ったように求婚する男なんてあり得ないだろう。

ところが、千波さんは何かを思い出すように上の空の顔をしている。

「だってぇ、飯沼さんったら真剣に私のこと口説いたのよ。テッドと別れてくれ。あなたのために香港と東京に家を買いたいなんて言うの」

この時、私の怒りはほとんど沸点に達していた。

「あら、心配しないで。私はテッドを裏切る気持ちなんてなかったし、飯沼さんには引っかからなかった。未公開株への投資を勧められたんだけど断った。それで大正解だったのよね」

千波さんは一人で頷いて、それから20分くらい飯沼さんが極悪非道の詐欺師だと喋り始めた。

彼女の説によると、テッドは情熱的な人で、本気で自分と結婚するつもりだった。だから二人の将来のために、飯沼さんが推奨する株へ、彼の預金の全額である2000万円を投資した。すぐに3割は配当がつくという話だった。飯沼さんが保証するのだから大丈夫だ。ボクは会社のナンバー2で、飯沼さんがナンバー1だ。絶対に飯沼さんは信用できるとテッドは繰り返した。二人の財産をすべて投資しようと提案された千波さんは、年末、飯沼さんからの勧めは断ったが、テッドの言うことを信じて気前よく旦那さんの保険金の3000万円すべてをテッドに送金してしまったのである。

だが、いつまでたっても上場したはずの株の配当は送られて来なかった。不安になった頃にテッドから連絡があった。飯沼さんが皆を裏切り、集めたお金を持って姿をくらませた。自分も2000万円を持ち逃げされたという。

この時点で、千波さんはテッドとは会ったこともなかった。飯沼さんは日本の一流証券会社との合弁会社の社長だと自己紹介をしていた。ところがそれは真っ赤な嘘で、日本国籍の人かどうかもわからない。自分はまったく何も知らないで彼に騙されたとテッドが涙ながらにパソコンの画面上で弁明した。もしも、あなたが日本の警察に訴えたら、彼らはボクを捜査するだろう。やがて、ボクも罪に問われるかもしれない。あなたの名前だって香港のニュースに流れるだろう。そうなったら、ボクたちは終わりだとかき口説かれて、千波さんはあきらめた。もともと亡くなった旦那さんの保険金なのだから、なかったものと思おう。テッドのお陰で、飯沼さんがとんでもないペテン師だとわかったのだ。そうじゃなかったら、もっとたくさんお金を取られていたかもしれない。千波さんはテッドに感謝さえした。

それから1週間くらいした頃、やっとテッドから連絡があった。ボクは香港を去ることにした、身の危険が迫っている。いずれ安全が確保されたら、必ずあなたを迎えに東京へ行くからと言い残して、今度はテッドが忽然と姿を消してしまった。

困ったことに、千波さんはまだテッドを好きなのだ。お節介な私は、思わず彼女にまた大声で怒鳴ってしまった。「すべては茶番じゃないの。テッドが何も知らないはずはないし、あの人たちはグルよ」と。しかし、「悪いのは飯沼さんであって、テッドじゃないのよ。誤解しないで」と弁解して譲らない。それどころか「あなたくれぐれも警察なんかに相談しないでよ。テッドに迷惑が掛かるからね」と千波さんに強く念を押された。たとえ彼が自分と結婚しなくても「あの人の愛は真実だったのよ」などと乙女のようなセリフを吐く。

私が最後に確認したのは、彼女が娘さんたちには何も話していないということ。それから、テッドにはついに最後まで会えなかったことだ。そんな男にどうして千波さんが執着するのか、まったく不可解だった。

ところが、ネット配信の記事で『毒の恋』という本が紹介されているのを見た。著名な女性漫画家の井出智香恵さんが、ロマンス詐欺に引っかかり7500万円も奪われた実録なのだそうだ。すぐに取り寄せて読んでみた。

井出さんは70歳の時にハリウッドの有名スターを名乗る男性とチャットでやり取りをして、プロポーズされた。もし本人なら彼女より20歳近く若いはずだ。半信半疑だった井出さんは、相手の巧みなリードでいつしか恋におちいってしまう。しかし、もちろんこれは真っ赤な偽者だった。

第三者の立場からすれば、なんでこんな嘘くさい話に惑わされて大金を送金したのかは疑問である。でも、井出さんはまことに正直にその経過を述べている。私は読みながら何度も感嘆した。小説だってノンフィクションだって、通常ではあり得ないストーリーの展開が、いつでも読者の心を惹きつける。だが、自分のことを書くには、いささかの勇気と客観性が求められる。これだけひどい詐欺師に騙されたら、それを冷静に書くことなど、ほとんど不可能に近い。もし私だったら、絶対に隠し通して、忘れたふりをするだろう。その点、彼女の潔さは見事だった。さすがは日本の漫画界で名を成した人だ。すべて包み隠さず述懐している。

井出さんの本の内容について、ここで詳細に触れることはしたくない。なぜなら、これからこの本を読む人に『毒の恋』という作品の滋味をじっくり味わって欲しいからだ。

簡単に述べると、井出さんは才能に溢れた優しい性格の女性だ。家族もいるし、仕事も順調。けして寂しい老女ではない。むしろキャリアの面では華々しい成功を収めている。しかし、詐欺師は次から次へと新手の口実を打ち出して、彼女を騙す。まったくもってプロの仕事としか思えない。こんなに一生懸命に他人のお金をくすねるためにエネルギーを使うなら、まともに働いたって生計は立つだろうにと余計なことを考えてしまった。

いずれにしても、井出さんの著作を読んで、私は初めて千波さんの行動や気持ちが理解できるようになった。たとえ一度も実物に会わなくても、詐欺師にかかったら、十分にセクシーな場面の演出が可能だ。実際に肉体的な契りを結ぶよりも、ある意味ではもっと濃厚な心の接触があるのだと知った。体験した本人がそれを書いているのだから、説得力は抜群である。今年読んだどんなノンフィクション作品よりも迫力に溢れていた。

おそらく千波さんは、若くしてサラリーマンの夫と結婚して普通の日々を過ごして来たのだから、テッドの甘い言葉の数々に舞い上がったのだろう。胸のときめきと喜びは3000万円の代償を支払っても惜しくなかったに違いない。それはまだ自分が女として認められている証左でもあった。

しかし、私は井出さんの著作から、ずいぶん学んだ。詐欺師は相手の女性から搾れるだけお金を搾り取ろうとする。油断は禁物だ。千波さんを守るために、すぐに彼女の娘さんたちと連絡を取った。事情を話し、これは国際ロマンス詐欺だから、お母さんとよく話し合って、もうこれ以上のお金は絶対に振り込まないようにして欲しいと頼んだ。

その前に、テッドが在籍したという香港の証券会社なるものが、実在しているのかを香港に詳しい友人に調べてもらった。案の定、そんな会社は存在しなかった。

国際ロマンス詐欺なんて、自分には起きないと思っている人は多い。しかし、相手は想像を絶するほど巧妙である。しかもチームを作って接近して来るのだ。私だって、気がつけば彼らのシナリオに踊らされるかもしれない。防衛のための有意義な教科書が『毒の恋』である。現代を生きるシルバー世代の女性には、ぜひ一読を勧めたい。

# 第十一話

# 大人の恋とは何ですか？

もしも若い女性に尋ねられたとする。

「持続可能な恋愛をする秘訣って何かありますか?」と。

昨年までは「そんなもんがあったら苦労はしないわよ」とにべもなく答えていただろう。恋愛が発展して、結婚にゴールインしたとしても、生涯ラヴラヴ状態が続く夫婦なんて滅多にいないはずだ。いつしか夢心地の恋は終わって、実利的な生活を構築する同志へと関係性は変わってゆく。

もっとも、結婚すら考えられなくて、ただしばらく付き合っただけで別れるカップルの方が多いかもしれない。なぜ、自分の恋愛はうまくゆかないのだろうと、若い娘さん達に相談されることがけっこうある。もちろん、私には正しい回答の持ち合わせはない。自分だって、中途半端に途切れてしまう恋愛しか経験がないからだ。

しかし、近頃は少し利口になった気がする。あるカップルの恋愛をここ1年間ほど見守ってきて、気がついた。恋愛は知恵がなければ続かない。その知恵を若者が持ち合わせている例は少ないのではないか。高齢者ほど賢いとは言わないが、持続可能な恋愛が上手な確率は高いように見える。

菊地氏から電話があったのは3年ほど前のことだ。彼が会員になっているクラブで、スピーチをして欲しいと頼まれた。まさにコロナ感染が始まったばかりの頃のことである。

わが家は夫が腎不全で、もう10年くらい治療中だ。食事制限があり、塩分、カリウムはなるべく控え目にしている。その甲斐があってか、とにかく透析治療をなんとか免れてはいたのだが、もしもコロナに感染したら重症化の危険性は多分にある。だから、コロナが日本に上陸したというニュースが流れたのと同時に、一切の不要な外出、会食を避けることにした。私が感染すれば狭いマンション暮らしであるから、一蓮托生だ。じっと我慢するしかない。

するとと何が起きるか。私は友人にも会えず買い物にデパートにも行けず、明けても暮れても話し相手は夫だけとなった。当然、不機嫌になる。

だからあの日、講演依頼の電話をくれた菊地氏は、まったく見ず知らずの人だったにも関わらず、私はつい愛想良く饒舌になってしまった。なにしろ売れない作家の私のところなんて、講演依頼どころか原稿の発注も滅多にない。したがって、編集者さんとのお喋りタイムは皆無に近い。夫は口の重い人だし、友人たちとも、最近はラインのやり取りばかりだ。思えば、いつの間にか殺風景な日々の底に沈没して、陰鬱な毎日を送っていたのだ。

電話をくれた菊地氏が所属するクラブでは、月に1回講演会を主催している。いわゆる識者と呼ばれる人が講演をするのだが、その人選をする役目を菊地氏が担当していた。

テーマは好きなもので良いので、ぜひ都内のホテルで、会員の方たちが食事をする前に短い話をして欲しいということだった。菊地氏の話し方は、さっぱりとしていてフレンドリーだ。

こういう時、相手が男性であろうと女性であろうと、私はいつの間にか取材モードに突入してしまう。先方に失礼にならない範囲で探りを入れて、どんな人なのか知ろうとする。別に知る必要もないのだが、やむにやまれぬ好奇心が頭をもたげてくるのだ。

菊地氏は特に警戒する様子も見せず、私の問いかけに答えてくれた。年齢は79歳。ある企業の会長だったが、2年前にそれも退いた。妻とは30年ほど前に離婚して独身だ。都内の戸建て住宅に住んでいる。ここまで話してから、菊地氏の滑らかな口調がちょっと止まった。

「いや、実は今、迷っていることがありましてね。私は身体的にはいたって健康なんですけど、先々のことを考えたら、結婚した方が良いのかなと思ったりもするんですよ」

こう言われて私の心拍数は急に撥ね上がった。なぜなら私のたった一つの趣味というか道楽は、お見合いのお世話をすることなのだ。パートナーを探しているのだが、なかなか良いご縁がないと悩んでいる人はけっこう多い。だいたいの希望や好みを聞いて、独身の男女を引き合わせたことはもう10回以上ある。うまくゆく時は本当にさっさと纏(まと)まる。幸せなカップルが誕生するとほっとするものだ。しかも自分と同年代で、やはり将来を案じている女性を何人か知っている。「誰か良い方いないかしら?」としょっちゅう聞かれる。

「そういうことならお任せ下さいませ。素敵な女性をご紹介出来ると思います。ただ、すごくお若い人とか、超美人じゃないと嫌だとおっしゃるとちょっと困りますけど」

「いや、私はそんなことは言いません。ただ、気が合う人、趣味が合う人がいいですね」

淡々とした口調で菊地氏が答える。

ふむ、それならば力になれるかもしれないと思って、私はさらに菊地氏の学歴や家族関係、今までのキャリアなどを尋ねた。それに関して、ここであまり詳しいことは書けないのだが、まずは申し分ない条件である。何より好印象を持ったのは、彼が経歴について語る際に、盛っている様子がまったく見えないところ。とても誠実な印象だった。ずいぶんと裕福な環境にあるらしいが、それを自慢する態度もまったくない。

「わかりました。それでは心当たりの女性が何人かいますので、お話ししてみます。その上でまたご連絡します」と言って、その日は電話を切った。

その後で、はっと気づいたのである。結局私は講演を引き受けるのか、引き受けないのか、テーマは何にするかといった詳細を何一つ決めないで電話を終わらせた。まさに粗忽の極みである。

もう一つ大事なことがあった。私は菊地氏がどんな容姿をしているのか見当もつかないのだ。容姿などはどうでもいいといえば、どうでもいいのだけれど、誰にでも好みのタイプというものがある。

やっぱり菊地氏の人柄や雰囲気を把握した上で、お見合いを設定するべきだろう。ということで、菊地氏と日本橋の千疋屋でお茶をする約束を取り付けたのは3日後のことだった。何度かメールのやり取りもしたが、菊地氏の対応は実に丁寧だった。

実際にお会いしてみると、菊地氏は予想した通りの紳士だ。私と菊地氏は、彼が豊かな老後を過ごせる伴侶を探す企画について、おおいに語り合った。こういう楽しい展開が私は大好きだ。

余談になるが、私の夫は、「なぜ工藤さんと結婚したんですか?」と若い人に質問されると、「いやあ、あの当時ね、私は眼を病んでおりまして」と答えて瞼をこする。

これは真っ赤なウソであり、眼はしっかり見えていた。私がそれを指摘すると、「そうそう、インスタントの焼きそばが美味しかったからだ」と情けなさそうな顔をする。これは本当である。もてない男なので、インスタント焼きそばでも、作ってもらったのが嬉しかったらしい。

私は夫が背が高いので、電球の取り替えをしてもらうのに便利だろうと思って結婚した。まったくつまらない理由である。しかも再婚同士だ。それでも30年も一緒にいるのだから夫婦とは不思議なものだ。

だから、お見合いのお世話も、あまり構えないで、気軽にしたら良いだろうと常々思っている。事前に履歴書や写真の交換などはしない。ただレストランに席を用意して二人を直接会わせてしまう。食事が終わったら、私は静かに去る。そういうパターンに決めている。

菊地氏は、中肉中背で外国生活が長いため動作も洗練されていた。若い人たちの間で、良く使われる言葉を借りるなら、申し分のない物件である。失礼な表現なのは承知だが、瑕疵物件ではないことを確認しないと仲介は出来ない。ＤＶの常習者だったりしたら困るのだ。

ところが、はたと思ったのは、菊地氏にふさわしい女性の知り合いがいないことだった。いや、いないわけではないのだが、キャリアが順調な女性は、お見合いをしてみようという動機がない。ネットでマッチングアプリなどを検索して探している女性は年齢や年収に強くこだわる。それぞれの女性が求めるものが、菊地氏の希望とうまく合致しない。

そうこうするうちに、年が明けたら菊地氏は80歳になった。そして、ある病気のために1週間ほど入院した。生命に関わるような大病ではなかったが、それでも菊地氏はいろいろと思うところがあったようだ。

街中はコロナウイルスが跋扈している。世は殺伐とした空気が流れていた。菊地氏がメンバーだった会の講演もキャンセルとなった。そんな中で菊地氏と半年ぶりに再会した。

この間に菊地氏はいくつかの大きな決断をしていた。まずは今住んでいる都内の戸建て住宅を始末して、老人ホームに入ろうと思う。それから別荘も売却して身軽になる。もしも配偶者にふさわしい女性に巡り会えたら、一緒に老人ホームに住んでも良いし、彼女は自分の家に住んで、ホームに通って来てくれてもかまわない。つまり結婚したい気持ちに変わりはないし、入籍も相手の女性の希望に沿うようにしたいが、これからの人生のパートナーとなる女性と、旅行、観劇、美食などを楽しみたいというのが菊地氏の希望だった。

なるほど、女性に家事をすべて押し付けないようにしようというのは、菊地氏の気配りだろう。感心していると、菊地氏が面白い発言をした。

このアイディアは実はアメリカ人の友人から聞いたのだがと前置きがあった。若い頃は海外駐在が長かった菊地氏は英語が堪能で、外国人との付き合いも多い。その一人からのアドバイスというのは次のようなものだった。

自分の年齢を考えると、これから先何が起きるかは想像もつかない。脳溢血や心筋梗塞で半身不随になる可能性も除外出来ない。その場合、もしも急逝したら残された女性は可哀想だ。だから、遺書を書いておいてはどうだろうか。例えば1年間献身的に看てくれたら1000万円、2年間なら2000万円、3年間なら3000万円。それ以上となったら、もちろん纏(まと)まった金額が入るようにしておく。それは相手が一生困らない額にしようと思うと言った。

考えたものだと私は唸った。菊地氏の意識の中には、自分が関わった女性は経済的にも面倒をみなければいけないという思いがあるようだ。

ここ10年ほどの傾向として、いわゆる後妻業の女性が話題になっている。年を取った男性の財産だけを目当てに近づいて来る女性のことだ。しかし、菊地氏も私もその種の女性を見抜く自信はある。いくらなんでもそれはわかる。だが、本当に誠実で、心から尽くしてくれた女性に、1年患っただけで何も残さずに亡くなっては可哀想だと感じるのは人情だろう。

なかなか日本人の発想にはないかもしれないが、1年間の愛情への対価として1000万円を置き土産として残すというアイディアは妥当だし、面白いと思った。

残念ながら、私にはそこから先への想像力が続かなくて、具体的にはどうしたら良いかといった意見は浮かばなかった。

とにかくコロナが災いして、何人か声を掛けてみたのだが、どの女性もお見合いには二の足を踏んだ。私もお見合いの席を設定するのは難しいだろうと感じていた。

しかし、菊地氏とのメールや電話のやり取りは続いていた。なんとかして、菊地氏のパートナーをみつけてあげたかった。60代、70代の女性の友人の中に、割合とはっきりと意見を表明する人がいた。仮に純子さんとしておこう。純子さんに菊地氏とお会いしてみないかと勧めていた時だった。

「ねえ、工藤さん、彼は結婚したらセックスもする気持ちがあるのかしら?」と突然尋ねて来た。

いや、実は私もそれが心の隅に引っ掛かっていたのだ。彼はどこまで望んでいるのだろうか。

まさか子供じゃあるまいし、何もしないということはないだろう。といって直截に確認するのは失礼にあたる。

80代というのは微妙な年齢には違いない。完全なる老人と受け止める人もいるし、現役の男性だと思う人もいる。

純子さんが私の顔を見ながらまた口を開いた。

「実は私ね、結婚相談所に登録したことがあるのよ。そこでお医者さんの男性を紹介されたの。彼は83歳だったかな。私は69歳だった。初めてデートした夜にホテルに誘われて、びっくりしたけど、戸惑う年でもないしと思って、部屋にはついて行ったのね。そうしたら、まだ手も握っていないのに、突然、猛烈な勢いでキスを迫って来て、さらにワンピースのジッパーに手をかけられたのよ。ところが、私はもう20年以上セックスなんてしてないから、すぐにそんな態勢にはなれなくて、逃げるように家に帰ったの。つまりね、そのへんの意見の擦り合わせっていったら変だけど、どうするのが希望かって、やっぱり間に立つ人が、事前に聞いてあげる必要があるんじゃない」

そんな猪突猛進の男性なんて、私だったら頬を引っぱたくか蹴とばすところだろう。もちろん、極端なケースはあるとしても、確かにそういうのは、成りゆきに任せるだけで良いものではない。

難しいテーマが降ってきたものだ。純子さんは74歳だが、とても若く見える。しかし、もう面倒くさいので結婚したとしてもセックスはしたくないと明言する。

「じゃあ、なんで結婚したいんだって言う人がいるかもしれないけど、年を取ってだんだん身体も不自由になって来た時に、まったくの一人暮らしって寂しいだろうと思うの。何をしても一人って辛いわよ」

まあ彼女の気持ちもわかる。特に災害に見舞われたり病気になったりしたら、心細いことこの上ない。セックスレスの結婚生活でもかまわないという人もけっこういるような気もする。それも夫婦の一つのあり方だ。女性だって加齢と共にセックスをするのが難しくなる。閉経すると膣が潤わなくなるのだ。男性の勃起不全と同じだろう。しかし、「女は灰になるまで」出来るものだと信じている男性は意外と多い。

私が菊地氏のお見合い相手をみつけられないでいる間に、彼はどんどん断捨離を実行して、景色が素晴らしい老人ホームへと引っ越した。その行動力にはただ脱帽するのみだった。さらに昨年の夏に彼からメールが来た。

心がときめくような素敵な女性と出会ったのだという。私がもたもたしている間に、菊地氏はさっさと自分の手で残りの人生の新たな幕を開けてしまった。この1年間、彼はまさに熱烈な恋愛へと身を投じたのである。続きは第十二話で。

# 第十二話　恋には交通整理が必要です

私が小学校4年生の春だった。わが家にテレビがやって来た。ドラマやニュースのみならず、歌謡曲も茶の間に流れるようになる。

春日八郎とか三橋美智也なんて今の若い人は知らないだろうが、当時は大スターだった。他にも有名な歌手がたくさんいた。それは良いのだが、彼らが唄う歌は、ほとんどが恋愛に関する歌だった。子供の耳には、恋する気持ちの切なさを、ひたすら訴えているようにしか聞こえない。

生まれつき音感が鈍かったので、メロディーについてはあまり関心がなかった。しかし、歌詞はいつでも気になった。子供なんだから、そんな心配をしなくてもいいようなものだが、「捨てちゃえ　捨てちゃえ　どうせひろった　恋だもの」[※1]と声を張り上げる女性歌手を見ていると、はて、「ひろった恋とはどのような意味か」と考え込んでしまう。「あなたを待てば　雨が降る」[※2]と唄っていた男性歌手もいた。あれ？　そういえば、歌謡曲の歌詞って、どうして雨、雪、川、霧、涙、港、波などと水っぽい言葉が多いのか。つまり皆、湿気が多い景色が好きなのかもしれないと思った。

いずれにしても、歌手は悲しそうな表情で唄っている。大人はしょっちゅう悩んでいるみたいだ。それは恋をしたからか？　しかし、恋愛なんて、そんなに大事なものとは思えない。それとも、これだけ毎度のように恋の歌ばかりテレビから流れるのだから、大人はいつも恋人のことを考えているのだろうか。

「ああいやだ」と私は独りでつぶやいた。恋愛とは関係のない生活を送れば、こんなに悩むことはない。よし、大人になったらそうしよう。一切恋愛なんてするまいと心に誓った。

この決心をずっと貫いていたら、私はもう少し賢い人生を送れたはずだ。残念ながら10代も半ばを過ぎたあたりから、しっかりと片思いの悲しさを知ったし、20代になったら、裏切ったり裏切られたりが続くのが恋愛なのかとため息が出た。

ところが今頃になって、この小学生時代の感慨をしきりと思い出すのである。若き日の恋愛なんて、もしかして無駄なエネルギーだったんじゃないか。捨てても拾っても、恋愛はやがて消え去ってゆく。もう心を煩わせるのはまっぴらだ。子供の時に、あんな面倒くさいものには金輪際手を出すまいと決めたのは、まことに正しい判断だったのだ。もちろん、同世代でも果敢に男性遍歴を重ね続けている女性もいる。別に嫉妬しているわけではないが、相手の長寿を祝福するような素直な気持ちにはどうしてもなれなかった。自慢話を聞かされたようで不快な気分になってしまう。

ところが、それもどうやら勘違いだったみたいだ。というか、高齢者には恋愛無用、セックス無用と決めつけるのは、誰に対しても当てはまる真理ではないと最近になって知った。何歳になっても恋は楽しいものらしい。わが人生が失敗の連続だったのは、どうも大切なルールを見逃していたからのようだ。それで何回も失恋したのは、学習能力が欠如していたのだ。つまり頭が悪いということ。

人生にとって何が大切かをまざまざと教えてくれたのは、第十一話に紹介した菊地氏だった。80歳を迎えた菊地氏は、結婚して新しいスタートを切ろうと考えていた。前にも書いたが、彼は健康で経済的にも裕福で、何より性格が素晴らしく良かった。余計な自慢はしないし、趣味も豊かで教養がある。とにかくお節介で、お見合いの世話をするのが大好きな私は、なんとか彼に素敵なパートナーを紹介したいと思い立った。

しかし、なかなかぴったりの人がみつからない間に、菊地氏は住まいと別荘を処分して湘南地方の美しい海が見える老人ホームに入居した。これが昨年のことである。

80歳の人にしては素早い行動だ。一度、菊地氏に取材をするために、彼が引っ越したホームを訪ねたことがある。私の夫も80歳になって、もしも妻の私に先立たれたら、とても独りで暮らせそうにはない。だから、菊地氏が選んだホームを見学しておきたかったこともある。

ちょうどコロナ感染が下火になった時期だったので面会が許可された。ホームの玄関で出迎えてくれた菊地氏は東京でお会いした時よりずっと若返って見えた。背筋がすっと伸びている。熟年女性に根強い人気のある山本學という俳優さんによく似た雰囲気だ。

入居者を訪ねてゲストが来た時は、食事が出来る個室もある。ホームの洋食なので薄味だが、った。

なかなか美味しかった。私は目の前に座る菊地氏の顔をじっと見て、あれっと思わず首をひね

突然変な話に飛んで申し訳ないが、私には奇妙な勘が働く時がある。霊感とまでは言わない

のだが、何かそこに存在しないものが見えることがあるのだ。特に、誰かと会っている時に、

その後ろから見知らぬ人の顔とか小動物がちらりと覗くのである。

別に私だけが持っている特殊な能力ではない。以前、ある相撲部屋の女将さんも同じような

ことを言っていた。何人もあずかっている弟子の中で、急に女の子の顔が背後に浮かび始める

ことがある。すると呼び止めて聞く。「あんた、最近、誰かと付き合っている?」そう言われ

た弟子は目をパチパチして驚く。「相手の娘さんってショートカットで色白で小柄じゃない?」

そこまで的中すると弟子は気味悪そうに女将さんの顔を見るそうだ。

実は同じような経験が、ときたま私にもある。この日も菊地氏の右肩の後ろには上品なお嬢

様風の女性がひっそりと顔を見せていた。写真でだけ知っている明治時代のある皇族妃によく

似た面差しだ。全体に桜色の紗がかかっているようにぼんやりと浮かんでいる。

「菊地さん、心が動かされるような女性が現れたそうですが……」せっかちな私の問いかけに、

瞬速で菊地氏が答えてくれた。

「うん、メールでお知らせしたようにね」

その声は弾んでいる。

「ホームで知り合った方ですか?」

「そうなんです」とうなずいて、菊地氏が二人の馴れ初めから、現在の状況までを詳しく話してくれた。日本人の男性にしては珍しくフランクな語り口である。自慢する様子でもないし、謙遜しているわけでもない。隠してもいない。私は録音をしなかったので、彼の喋り方を再現することが難しいのだが、こんなふうに自身の恋愛を自然に語る人に会ったのは初めてだった。

しかし、個人情報は守らなければいけないので多少は手を加えてあるが、なるべく忠実に彼のラヴ・ストーリーを要約すると次のようになる。

ホームに入った時に菊地氏は多くの入居者と知り合いになりたいと思った。食堂はそれぞれが勝手に好きな席に座る。何回か同じテーブルになった女性と話したが、どうも話題が合う人がいなかった。ところが、淑子さんと夕食で一緒になった時は違った。

まずは趣味が油彩画という点で会話の糸口がみつかった。彼が師事する油彩画の先生が所属する会派に、彼女の先生も在籍していて、お互いの先生の名前を知っていた。

もともと淑子さんは仲良しの従妹の女性と一緒に、5年ほど前にホームに入居した。結婚はしていたが、旦那さんは60歳くらいで病気で亡くなっている。従妹もやはり独身だったので、初めの頃は二人で楽しく過ごしていた。ところが、1年ほど前から、淑子さんより年下のはずの従妹に認知症の症状が現れて、別の施設に移ったという。

すっかり話が弾んだのは二人の趣味が多彩だったからだ。菊地氏は毎日ビリヤードを1時間して、油彩画の教室に月2回通い、ゴルフは月3回コースに出る。その上、週に2回は社交ダンスの教室にも通っていた。淑子さんも乗馬やゴルフが好きで、彼と同じくらいアクティヴだった。地下鉄で外出をすることも多い。だから、二人の日常は老人の生活というよりも、裕福な中年の知人たちを思いおこさせる。親の残した財産や株の配当で暮らしている人たちだ。

菊地氏は、淑子さんに一目惚れをしたらしい。姿勢がきりりとしていて、服装の好みも抜群に良い。少し話せば頭の回転が速いのもわかった。

だが、淑子さんの年齢を聞いて菊地氏は少し驚いた。90歳だという。どうやっても90歳には見えないのだが、彼女は自分より10歳年長である。

実はそう言ってから、菊地氏は淑子さんの写真を見せてくれた。私はその美しさに口をポカンと開けて言葉が出なかった。すっきりと細身で、少女のように清純な顔立ちだ。もし私が淑子さんと並んで立ったら、私の方が絶対に年上に見えるだろう。さっき、菊地氏の肩の後ろに覗き見えたのは、間違いなく、この桜の花びらのような女性だと確信した。

女優さんなどで80歳を過ぎても年齢を感じさせない人はいる。しかし、それは言葉は悪いが作り込んだ顔である。外科的な処置をしたのかレーザー治療などを施したのかは不明だが、何らかの手を加えていると感じる。

それに比べると淑子さんは自然の美しさだ。年齢相応のシワもあるのだが、顔の皮膚が醜く垂れ下がっていない。こぢんまりと纏(まと)まった美しさを保っている。

彼女は東京で生まれ育って、中高一貫校からそのまま付属の大学へ進んだ。卒業後すぐに結婚した。当時は女性がキャリアを確立するという発想は珍しかった。家庭にいるのが不幸とは感じなかったが、60歳で夫と死別した。つまり菊地氏と巡り会うまでは、ずっと独身だったわけだ。

瞬間的に、自分の探していたのはこの人だ！　と悟った菊地氏はさっそく彼女にアプローチする。しかし、ホームは集団生活の場所でもある。淑子さんは噂になるのを恐れた。

さすがに菊地氏だと感じたのは、まず性急に交際を開始するよりも、彼は周辺の「交通整理」を優先させた。いや、別に「交通整理」という表現をしたわけではない。だが、その後の交際の発展過程は大人の才覚に溢れていた。

しばらくは夜になると二人の電話での長話が続いた。同じホームにいるから、電話での会話なら誰にも見られる心配はない。お互いの生い立ちや趣味や性格を知るための時間となった。

そして、ある晩、外のレストランで夕食を共にした帰り、エレベーターの中で淑子さんと二人きりになった。菊地氏は両手で彼女を抱き寄せて接吻をした。反応はあった。身をよじらせて嫌がらないのは女性側のゴーサインである。

淑子さんも菊地氏の本気度を感じ取ったようだ。「あの時に恋におちたと思った」と後で彼に語った。その後の二人の間柄は次第に濃密なものとなってゆく。

私は菊地氏の話を聞きながら、いかにセックスというものは、数々の段階を踏んで深まってゆくかを知った。若い人ならば、手順はほぼ決まっているだろう。それぞれの嗜好はあるにせよ、よほど特殊な例以外はベッドに入ったら、当然のごとく二人は肉体的に結ばれる。その際に、結婚しているか、あるいはそれを前提としているカップルじゃなかったら、避妊に注意を払うことを常に念頭に置く。

しかし、高齢者の場合はもう少しゆっくりとドラマは進行するようだ。残念ながら、微細にそのことについては書けないが、およそあらゆる男女が普通に行う愛情表現と同じである。前戯を楽しみクライマックスも迎える。

それはしかし、二人にとっても思いがけないことだった。まさか90歳になって、こんな喜びを知るなんてと恥じらう淑子さんが、たまらなく可愛いと菊地氏は目を細める。菊地氏もまた、自分がこれほどの快楽に没頭するとは夢にも思っていなかった。

私が想像するよりも、はるかに二人の行動範囲は広かった。デパートに買い物に行ったり外食をしたりはもちろんのこと、一緒に旅行もする。歌舞伎観劇に行ったり、美術館巡りをして楽しむ。

二人共経済的な基盤がしっかりしているからこその行動力だが、それ以外にも、二人は自分たちの関係を保つための課題をよく理解していた。ここで昨年の秋に菊地氏から来たメールを断片的に紹介してみたい。

「彼女も僕も独立心がかなり強く、一人の時間と一緒の時間をそれぞれ大事にしています」

だから、必ずしも毎日のようにホームや外のレストランで待ち合わせて食事はしない。それはせいぜい週に2回くらいだという。

健康に留意するのはもちろんだが、「したいことは元気なうちにしよう」といつも話し合っている。セックスも月に3回くらいだが、お互いに「いける」ことは想像外の喜びだそうだ。

ホームの他の入居者は、二人の関係に気づいているようだが、変な態度を取ったりはしない。たいがいは淑子さんが菊地氏の部屋に来てくれる。それは、廊下で誰ともすれ違わない時間帯にしている。私もそのホームを所長さんに見学させてもらったが、広々としていて、案内をしてもらっている間ずっと、廊下で人影を見かけることはなかった。プライバシーの確保に配慮されているのだろう。

「とにかく後10年は元気でいようと二人で話し合っているんですよ」と言う菊地氏は、以前、日本橋の千疋屋で会った時よりもはるかに若返っていた。男性としての自信に満ちているように見える。歩き方も話し方も驚くほど活気があり、私は恋愛の持つマジックを目の当たりにした気分だった。

二人とも持病もあるし、身体が重く感じる日もある。決してスーパーマンではない。年齢相応の老いは訪れているのだろう。だが、何より私が感嘆したのは、今の時間を無駄にせずに、生活を楽しもうという姿勢だった。

恋愛に関してのみ言えば、二人は恋を貫くために実に周到な準備をした。それは何も親族のしがらみを切るとか、交友関係を仕切り直すという意味ではない。無理なく良好な関係を保つために、ゆっくりと環境を整備した。まずは、本来の自分の生活のリズムを性急に変えようとはしなかった。むしろ、恋愛を自分が本来過ごして来た時間の中に少しずつ上手に組み込んだ。

私なんて、若い頃はまったくおっちょこちょいの至りで、すぐに結婚しようとか一緒に暮らそうとか考えてしまった。目前の状況をよく見極めて、うまく時間を交通整理する余裕があれば、もう少しまともな人間になっていたかもしれない。考えてみれば、若い頃は無駄な恋愛ばかりしていたし、年を取ったら、恋愛が出来るほどのエネルギーも容貌も気力も失ってしまった。

でも、菊地氏のケースを知ってつくづくと悟った。もしも自由な精神を持っていたら、人間は何歳になっても快楽を楽しめるのだ。そして恋愛はいつでも私たちに幸せを運んでくれるに違いない。

※1　作詞・野村俊夫「どうせ拾った恋だもの」より引用
※2　作詞・佐伯孝夫「有楽町で逢いましょう」より引用

# 第十三話　不倫の恋は死語かしら

最近ちょっと困っているのは、不倫という言葉の意味についてだ。

私が若い頃は、不倫に関しての良いイメージなんて一つもなかった。だいたいパターンは決まっていて、中年の所帯持ちの男と独身の若い娘が恋におちいる。必ず妻とは離婚するから、子供が中学卒業するまで待ってくれとか、妻の母親が病気で余命いくばくもないので、それが片づいたら結婚するつもりだとか、男の側はあれこれ言い訳をする。そして、たいがいの不倫カップルは10年以内には破局を迎える。男が離婚を決行できないからだ。そんな類の話がいくらでも私の周囲には転がっていた。

デートが終わったら、他の女(つまりは妻)のいる家に帰る男なんて、いくら「君を一番愛してるよ」と言ってくれたって、嘘に決まっているではないか。何が悲しくて、毎日他の女と同じ部屋で寝ている男と付き合わなければいけないのか。そのバカバカしさに疲れ果てた女性をさんざん見てきた。

それでも既婚者と、なかなか別れられないケースは確かにあった。そのたびに「不倫なんてしょせんは時間の無駄じゃない」と私はよく言ったものだ。

もちろん、富や権力を持つ既婚男性を後ろ盾にして、キャリアの階段を駆け上って行った独身女性たちがいるのも知っている。世に名前を知られて一流の人物になることと引き換えに、愛人という立場に甘んじた。賢いといえば賢いけれど、相手の妻の気持ちを考えると、やはり不倫は罪悪だと私には思えた。

ところが、令和の時代になると、不倫の実態もずいぶん変わったようだ。

まず、女性のみが犠牲者と考えるのはおかしいと友人のアサミさんに言われた。彼女は50代後半のキャリアウーマン。旦那も子供もいる。アサミさんによると、以前と違って、女性たちはずっとしたたかになった。なにより経済的にも自立している人が多い。そして、不倫に関する罪悪感は確実に減少しているそうだ。

つい最近、アサミさんより年上の従姉が結婚した。初婚である。仮にその女性を智佐子さんとしよう。智佐子さんは30年近く不倫をしていた。相手は8歳年長の妻子持ちの男。途中で男の妻が気づいて大騒ぎがあった。なにしろ子供が四人もいた。それでも智佐子さんは不倫を続行した。彼女は男より裕福であり、彼に扶養してもらう必要がなかったのは大きな要因だったかもしれない。

専業主婦の妻は意地になって離婚を拒んだ。あちこちの知人に電話をして、夫の不実を訴えた。お陰で、愛人の男の業界では、ほとんどの人が彼の浮気を知っていた。「四人も子供いるし、奥さんには何の落度もないのにねえ」と皆が呆れていたという。そうこうしているうちに月日が流れ、男は会社で定年を迎えてしまった。再就職の道もなく、年金で暮らしていくことになった。

ちょうどこの頃に、智佐子さんのご両親が亡くなった。その結果、一人娘の智佐子さんがすべての遺産を相続したのである。

実際に智佐子さんが男にどれだけの金額を渡したのかは誰も知らない。一説によると1億円はゆうに超えていた、いや実は3億だったと言う人もいる。とにかくそのお陰で男は妻と円満に離婚をして、晴れて智佐子さんと夫婦になった。

「そう言っては悪いけど、うちの親戚の間では、あの人は金で旦那を買ったようなものだねって言われているのよ。でもさあ、彼の奥さんにしてみれば、何度も夫に騙され続けてきたわけじゃない。もうあの女とは別れた、二度と会わないって約束したのも一度や二度じゃなかったって。その実、陰ではずっと密会していたわけだから、どうしたって、それはバレるわよ。冷静になってみれば、もはや定年になって稼ぎもない亭主でしょ。まとまったお金を2億でも3億でもくれるのなら、それで気楽な老後を過ごしたいと奥さんも思ったんじゃないかしら。夫の不倫が発覚した時は包丁を持ち出すような修羅場もあったらしいけど。だからね、不倫はしからんって怒っても、そんなの平気でお金に物を言わせて略奪婚をする女がいるのよ。今は社会的にも昔ほど糾弾されない時代になったから、智佐子さんは平然と仕事も続けているわよ」

私はアサミさんの言葉に返事のしようがなかった。そういえば、私の母はよく言っていたっけ。「地獄の沙汰も金次第」って。

だが、そんなに簡単に過去の経緯は消せるものなのだろうか。

智佐子さんの不倫相手だった男の奥さんは、ついにアサミさんのご両親にまで会いに来たことがあったという。あなたの姪が私の夫と関係を持っている。どうか姪御さんに言い聞かせてもらえないか。私と四人の子供たちは、あの人の存在で人生を滅茶苦茶にされました。あなたも人の親ならうちの四人の子供たちの身にもなって下さいと言って、奥さんは玄関先で泣き崩れたそうだ。

アサミさんのお母さんはショックで寝込んでしまったという。智佐子さんのお母さんは、アサミさんのお母さんの姉にあたるので、二人は従姉妹同士だ。人の道を外れるようなことをしてはいけないと、アサミさんのお母さんは懇々と姪に説教をしたらしい。

「私ね、母から聞いたんだけど、智佐子さんはケロリとした顔で『あの人とはとっくに別れてますから大丈夫です』って断言したんですって。つまりは耳を貸す気もなかったんでしょう。あまりの空々しさが不気味にさえ聞こえたって。それで最後には『私も結婚したいので、どなたか良い方がいたらお見合いしたいです。よろしくお願いします』って笑顔を浮かべて頭を下げたんですって。実際彼女は、平気で何回もお見合いをしていたそうよ。それは世間に対する目くらましなのか、もっといい男がいたら乗り換えようかと思ってのことか、わからないけど、うちの母はあの人のこと怖がっていた」

まあ相手の妻が知っているのに、30年も不倫を続けるのだから、相当に強靭な精神の持ち主なのだろう。

智佐子さんの父親に次いで母親が2年くらいのうちに亡くなった。社会的な地位のあった父親の葬儀は盛大に行われたが、母親の時はコロナ禍もあって親族だけでの密葬となった。

なんと、そこで智佐子さんは旦那さんを伴って喪主を務めた。「主人です。父も母も亡くなる前に、私が彼と結婚するのをとっても喜んで祝福してくれてたんですよ」と皆に得意そうに報告していたという。

この従姉の姿にアサミさんは唖然とした。あの厳格な伯父が娘の不倫を許すわけがないだろう。

「でもねえ、私はこの従姉の結婚で、はっと目が覚めたような気がしたのよ。他人の夫と不倫の末に結婚した女を白い眼で見る考え方って、もはや古いのかもしれないわね。男女の関係って昔よりずっと自由で平等になっていて、社会の規範も緩んでいるのかなって」

「だけどさ、芸能人とか政治家の不倫は、パパラッチに写真撮られたら一発で終わりじゃない。ものすごいダメージを受けるわよ」と私は異議を唱えた。

日本の場合は、有名人の不倫スキャンダルは許されない。しかし、アサミさんの説によると、それはやり方が下手かダサイからだという。週刊誌に狙われるような立場だったら、もちろん不倫をするのは愚かだ。

「でも、あなた、頭のいいオヂはその辺はうまくやっているのよ」

「オジってオジサンってこと？」

「ええとね、パパ活って知っているでしょ。それをやっている女性の間では、お金をくれる男の人のことをオヂって呼ぶのよ。ジはチに点々のオヂね」

「なんでアサミさんがそんなこと知っているのよ？」

彼女は週刊誌やネットのニュースでパパ活に関する情報を仕入れたのかと思ったら違った。実はアサミさんの娘さんの友人たちで、パパ活をやっている人が何人かいて、娘さんから話を聞いたらしい。初めは、そんな人たちと付き合ってはいけないと娘さんに注意したのだが、反論された。パパ活をやっている友人たちは意外に堅実な人も多いのだそうだ。

「工藤さんは、そういうことをやっているのは中学生とか高校生の女の子だと思っているでしょ。でも実際はもう少し年齢が上なのよ。普通に大学へ通ったりお勤めしている、20代から30代の娘さんたちよ。彼女たちは、けっこうしっかりしていて、お互いのネットワークもあって、結束も堅いの。あなたが考えるようなお小遣い欲しさに年寄りとホテルに行く未成年の子供たちじゃないらしい」

私は慌てて手帳を取り出してアサミさんの喋ることをメモした。彼女の娘さんは確か25歳くらいだ。

要点を述べると次のようになる。ただし、これはあくまで私の友人から取材した内容なので、パパ活のすべてではない。他の形態もあるかもしれないが、とにかくパパ活をしているのは、意外に真面目そうに見える娘たち。そして、そう簡単には肉体的な関係を持たないそうだ。

彼女たちの間で一番人気があるのは港区に家を持っている男性。不動産が高い地区に持ち家があるのは、経済的に豊かな証拠になる。

あの手、この手でオヂからお金を引っ張る手口はなかなか多彩だという。しかし、単独では難しい。仲間がいて、お互いに助け合って成立する技（わざ）とのこと。

たとえば、オヂからまとまった額のお金をもらうには理由が必要だ。妊娠したというのは、お小遣い程度ではない額を引き出すための絶好の口実となる。市販で妊娠しているかどうかを調べるキットがあって陽性と出たら妊娠している。そこで、彼女たちのグループで、妊娠検査キットで陽性のものを持っている人がいたら写真を送ってくれとラインで頼む。その写真を皆で使い回す。

学費として引っ張るのも常套手段だが、実は大学生じゃないのが相手にわかって、詐欺容疑で逮捕されたケースがあった。したがって、まったくの嘘は危険だと彼女たちは認識している。だが、何らかの嘘をつかなかったら、パパ活は続けられない。よく言われるのは「オヂに夢を見させてあげられる自信がないのなら、頂きはやめようよ」ということらしい。「頂き」とはお金をもらうという意味だ。このへんは、ホストクラブのホストと客の関係にも似ている。ホストも客に疑似恋愛の夢を見させる。ただ、パパ活の方がもう少しアルバイト感覚だし、密やかかもしれない。オヂを経済的に破滅させるまで追い詰めるなんていう例は稀だ。たまにはとんでもなく高額な金を取る娘もいるが、それは最近でも犯罪として裁判沙汰になった。「頂き女子」という言葉がメディアでさかんに使われている。突出したケースだったからだろう。

多くの娘たちは達成したい人生の目的があって、ある時期にパパ活に励み、やがて卒業していく。このへんの曖昧さが私にはよくわからないのだが、パパ活が自分たちの生涯の汚点になるのではと、心配などはしていないそうだ。

それに比べると、熟年世代の不倫はどうも恨みがましい匂いがする。セックスはセックスと割り切ってのカラリとした付き合いはあまり聞かない。

以前、ミエさんの話を書いたことがある。80歳を過ぎてから恋をした。彼にご馳走するために、どんどん生活費を使ってしまっている女性だ。実は相手の木村氏に妻がいることを知って、彼女は大荒れに荒れた。もちろん、独身だと嘘をついた木村氏が悪いのだが、確か彼はミエさんと同じ83歳くらいだった。もうその年齢になっていたら、妻がいてもいなくても、どっちでもいいじゃないか。まして、木村氏の場合は、奥さんは身体が不自由で、車椅子の生活なので老人ホームに入居している。

一人暮らしの木村氏は独身みたいなものだ。今さら、籍を入れて結婚する気もないのなら、ショックを受ける方がおかしいと私は思った。

ところが、共通の友人である久枝さんが語ったところでは、彼に妻がいると知った時のミエさんの行状は凄まじいものだった。

いつもミエさんの家に来て食事をする時に使っている木村氏のご飯茶碗から湯飲み、マグカップまで、床に叩きつけた上に金槌で叩いて粉みじんにした。それも彼の面前でやった。つまりはヒステリーである。それでも怒りは収まらず、木村氏がジャケットのポケットにさしていたお洒落な絹のハンカチーフをむしり取って、ハサミでじゃきじゃきに切り裂いたという。

この話を私が久枝さんから聞いたのは、つい最近のことである。初めは思わず笑ってしまった。恋人に騙されていたと怒る気持ちもわかるけれど、私だったら、泣き叫ぶエネルギーもないだろう。たとえば夫に秘密の愛人がいたとしても、怒りよりは心配の方が先にたつ。相手がお小遣い目当てだったら、残念ながら夫は自分の自由になるお金なんて、ほとんどない。それではパパ活女子から断られるだろう。いずれにせよ、愛人を持つとなると費用が発生する。年金暮らしでは無理に決まっている。すべてあきらめて暮らすのが高齢者の生きる知恵だ。

しかし、久枝さんから、ミエさんの怒濤のごとき怒りようを知らせてもらって、人間は年を取ったら、まず嫉妬に狂うことなんてないはずだと漠然と思っていたのは間違いだったと気づいた。

木村氏は狼狽えて、あわてて彼女をレストランに誘ってご馳走をして機嫌を取った。そこから二人の関係は少しずつ修復されていった。

そして先週のことだ。ミエさんが久枝さんの家を訪ねて来た。とてもご機嫌な顔だったそうだ。満面に笑みを浮かべて、久枝さんの前にある椅子に座った。そして、ミエさんはハンドバッグから白い紙を出した。おもむろにそれをダイニングテーブルの上に広げた。

なんと、それは区役所に提出する婚姻届だったのである。ミエさんと木村氏の名前で出せるように書き込んである。

「だって、木村さんには奥様がいらっしゃるんでしょ？」

のけぞらんばかりの久枝さんを見て、ミエさんが明るい笑い声を立てた。

「私だって、もちろん、彼に奥さんがいることは知っているわよ。でもね、奥さんが死んだら、必ず私と結婚するって約束しなかったら、今までのことをすべて奥さんに話すって脅かしたの。そうしたら、家内はもうそんなこともわからないよって首を振るから、じゃあ婚姻届だけは先に用意しておいていいでしょ。離婚をしろって迫っているわけじゃないんだからって強気で押したら、言う通りに署名したのよ」

ミエさんは、ひくひくと鼻をうごめかさんばかりの得意顔だった。

そこまで聞いて、私は大きなため息が出てしまった。久枝さんも期せずして同時に大きく息を吐いた。その後も続けて2回3回とその日の私たちはため息というか、深呼吸というか、変な呼吸をしてから電話を切った。

それからしばらく一人で考え込んだ。ミエさんも智佐子さんも、結局は同じかもしれない。どうしても愛人の立場ではなくて正妻になりたいのだ。その原動力は嫉妬だろうか、虚栄心だろうか、世間体だろうか。なんだか理解不能だが、正妻の座はそこまで魅力的なものなのだろうか。60代の智佐子さんと80代のミエさんは、年齢に関係なく結婚へと突き進んだ。ということは昔ながらの不倫なんてもう死語かもしれない。パパ活の娘たちや強引に結婚にこぎつける熟年女性のエピソードで、私の頭はすっかり混乱したのだった。

# 第十四話　強引に迫るのはルール違反

どこの国にでも、自信満々の女性たちはいる。私は若い頃にカナダで暮らしていた。その時の友人にアメリカ人と日本人の女性がいた。彼女たちが期せずしてまったく同じセリフを吐いたのを憶えている。

「ああ、カナダって本当に退屈な国だわ。男は既婚者か同性愛者しかいないのね」

そんなことはもちろんない。独身でパートナーを探している男性は、カナダにもたくさんいた。ただ彼女たちには興味を示さなかっただけだろう。

本当はそう反論したかったが黙っていた。カナダの男性だって、素敵な女性がいたら相手がアメリカ人だろうが日本人だろうが、デートに誘うはずだ。誰も誘わないのは、あまりその女性が魅力的に映らなかったからではないだろうか。今の私だったら、はっきり言ってしまうかもしれない。たとえどれほど文化の違う国でも、恋が芽生える時には芽生えるもの。いい男がいないのは、すべて既婚者と同性愛者ばかりだからではないですよと。

それにしても「私はとっても男からモテる」と頭から強く信じている女性がいるのが不思議だった。だいたい、自分はモテないと自覚していた方が、がっかりしないですむではないか。いいのよ、別に誘ってもらえるなんて望んでいないからといつも思っていたら、稀に何かのご縁があった時は跳び上がるほど嬉しいにちがいない。

そんなふうに考えていたのだが、どうやら自分の魅力を高く評価して男性に突撃する女性は予想よりも多いようだ。というか、そういうタイプの女性が増えているのかもしれない。

これは去年、知り合いから聞いた話だ。名前は照葉さんとしておこう。著名な学者の娘さんだ。たしか43歳くらいのはず。実は私の知り合いというよりは姪の友人なのだ。

照葉さんの父親の浩司さんが78歳で突然の病に倒れたのは去年の春のことである。左半身が不随になったが、1年近くのリハビリを経て、ずいぶんと自由がきくようになった。それでも、まだ一人でお手洗いへ行くのは難しい。そこへきて照葉さんのお母さんの敬子さんが、夫の介護で疲れが溜まっていたのだろう、新型コロナウイルスに感染して、10日ほどで亡くなってしまった。照葉さんの憔悴は激しかった。私の姪は、さかんに友人の健康を心配していた。

「ねえ、照葉さんは優しい人だから、あのままお父様の介護をしていると今度は彼女が病気になる。やっぱり介護はプロに任せた方がいいと思うんだけど」と姪は言っていたが、まったくその通りだ。照葉さんだって家庭もあれば仕事もある。ここは介護士さんに任せるに限るだろう。何とか姪は友人を説得した。

彼女の家は二世帯同居住宅だという。ただし、昼間は照葉さんも夫も仕事に出てしまう。子供たちは二人共今は海外にいる。したがって、浩司さん一人での留守番はまことに不用心だ。災害の時も心配だ。ということで、区役所にも相談して、シフトを組んで介護士さん二人に交代で看てもらうことにした。それでも、どうしても浩司さんだけになってしまう時間が3時間ほどある。それが気になったので、照葉さんは家政婦さんを頼んだ。

これでようやく彼女は家のことを心配しないですむ。私の年代だと、親の介護で忙しい女性はもちろんいる。なにしろ超高齢社会だから、心身に不自由があっても、100歳くらいまで長生きする人は多い。その子供だって70歳を過ぎているだろうから肉体的な負担も大きいと思っていたのだが、今や親の介護をしていた子供の世代が、病に倒れてしまうケースも少なくない。つまり孫世代が介護問題に直面する。照葉さんのケースもそれに近かった。照葉さんが母方の祖母を長い介護の末に見送ったのはつい2年前だと聞いていた。

老人ホームに入ってもらうのも良いのだが、費用の問題と精神的に親を老人ホームに入れることに罪悪感を持つ子供たちがいるのが難題だ。最近も私の夫の友人が老人ホームに入居した。その費用が毎月80万円かかると聞いて、私は絶句した。一年で1000万円が消えてゆくわけだ。他のお宅は知らないが、わが家では二人そろって入居したら、一年以内に夫婦心中する覚悟でもない限り、そんな高額な費用はとても払えない。といってあんまり低料金だと、食事や介護のクオリティが不安だ。だから、照葉さんが昼間だけは他人に任せて、なんとか父親を自宅で看取ろうとした気持ちはよく理解できる。

照葉さんのお父様の世話をしてくれる介護士さんは、以前から短時間だがお願いしていたこともあって、気心も知れている。まだ30代と40代の女性二人だが、明るくて元気で親切なのはわかっていたので、安心して任せられた。家政婦さんはある紹介所から派遣されて来た60歳くらいのコズエさんという女性だった。ごく普通の小太りのオバサンに見えた。喋り方は少し乱暴だが、特に悪い印象はなかったので、面接で決めた。料理が得意だというので、夕食の支度も頼んだ。そして照葉さんは、コズエさんに自分の携帯の番号をおしえて、「何かあったらすぐに電話を下さいね」と頼んだ。実は浩司さんはとても舌が肥えていて、現役時代は高級な料亭を毎晩のように訪れていた。食事には一家言あるので、亡くなったお母様も「パパは味付けにうるさくて嫌になるわ」といつもこぼしていた。それでも自分の妻ならなんでも言えるが、相手は家政婦さんである。くれぐれも文句をつけたらダメだからね、我慢してよと浩司さんに強く言い聞かせた。

そして照葉さんが職場復帰して2週間目に事件は起こった。コズエさんが電話を掛けて来たのである。怒り心頭といった声で、「お宅の旦那様のお世話は、あたしにはとても出来ませんよ。あんなワガママな人は見たことありません。言うことは聞かないし勝手過ぎます。だいたい、いくら雇い主だとしても、あれはないですよ。失礼ですよ」と電話口で捲し立てた。

いったい何があったのだろうと照葉さんは慌てた。彼女のお父様に認知症の症状は見られなかった。今にして思うと、物忘れはひどくなっている。しかし、女性に対して攻撃的な発言をする人ではない。お母様を怒鳴りつける場面なんて見たこともなかった。ただ、年齢と共に話がくどくなったのは事実だ。説明が長い。それがコズエさんを苛立たせたのか。とにかく、浩司さんのいる家で話し合いをするのは具合が悪いので、照葉さんの会社の近くの喫茶店で、すぐ会うことにした。

「どうもご迷惑をお掛けしたみたいで、すみません」と照葉さんは、まずは頭を下げた。なにしろ今の時代は、個人の言動いかんによってはパワハラ、モラハラ、セクハラだと訴えられかねない。家族が知らない浩司さんの素顔があるのかもしれないと心配だった。

コズエさんは仏頂面で「今日で辞めさせて頂きます。ただあたしもこんなことになるとは考えてもいませんでしたから、今月分のお給料は全額頂けませんか。あたしだって生活がかかっているんですから」。

強い口調で言われて、照葉さんも「わかりました」と返事をした。面倒なトラブルに巻き込まれるのは避けたい。浩司さんの晩節を汚す結果になったら後々厄介だ。

その夜、疲れた足取りで帰宅した照葉さんは、すぐに浩司さんの部屋に直行した。

「お前によっぽど電話をしようと思ったのだが、仕事中だといけないと思って控えた」

娘の顔を見るなり喋り出した浩司さんの声は怒気を含んでいた。

「なんだ、あの家政婦は。すぐに馘(くび)にしてくれ。あんな図々しくて失礼な女はいない」

「ど、どうしたの？　あの人が何かしたの？　言い争うことがあったの？」

気持ちを落ち着かせながら、なるべく静かな声で照葉さんは尋ねた。その時の浩司さんの返事は、まさに娘を震撼させるものだった。私はその経緯を姪から聞いたのだから、又聞きである。正確な言葉はわからないのだが、何が起きたかを要約すると次のようになる。もちろん、浩司さんの言葉をすべて信じるとしての話だが、家政婦さんよりは浩司さんの言い分の方が正しいと私には感じられた。

珍しく娘を責めるように、「お前はあの女がどんな経歴の女か調べて家に入れたのか？」と聞かれて「そこまではしませんでした」と照葉さんは正直に答えた。まさか身元調査まではしない。コズエさんには盗癖でもあったのかと考えていたら、浩司さんが本当に困惑した顔で話し出した。

通い始めて8日目の夕方、コズエさんが浩司さんのベッドの脇に来て髪の毛を撫で始めた。別に痒いところがあるわけではないし、余計なことをする女だと思ったそうだ。そうしたら翌日は手を握って、腕をさするのである。そんなボディータッチを彼は求めていないので黙って手を振りほどいた。それでもコズエさんは満面の笑みを浮かべていた。

そして12日目のこと、彼女は浩司さんの掛布団をやおらまくって、自分も一緒に中へ入ろうとした。これにはさすがに浩司さんも意味がわからず、「何をやっているんだ。用事はない」と叫んだ。多分すごい勢いで怒ったのだろう。彼女はあきらめて布団を出た。

しかし、彼の頭の中では疑問が怒濤のように渦巻いていた。いくらなんでも、相手は60歳である。男としての自分に下心があったとしても、いきなり布団に入り込んで来るだろうか。何なのだろう。何が目的か見当もつかなかった。

翌日はコズエさんも大人しくしていたが、ついに14日目にネグリジェを着て布団にもぐり込み、浩司さんに抱き着いた。あまりの早業に避ける暇もなかったらしい。なにしろ広い屋敷に、二人きりである。「助けてくれ」と大声を出しても、誰も駆け付けてくれないだろう。浩司さんは一計を案じた。

「あなたには悪いけど私はもう女性には興味がないんだ」と穏やかに諭した。身体が不自由な彼としては相手を刺激して首でも絞められたら怖いから、なだめるしかない。

「でも安心して。男はみんなあたしに惚れるのよ」とうそぶいてコズエさんは彼の体の上に覆いかぶさったという。

私の想像だが、浩司さんにしたらかなり怖かったに違いない。強制性交と同じではないか。

運良くその時に宅配便の配達の人が来て玄関のチャイムを鳴らした。コズエさんは慌ててコートをひっかけて玄関に走った。その間に浩司さんは体勢をなんとか立て直して、枕元の携帯電話を手に取った。コズエさんが荷物を受け取って戻って来ると、「もしも、あんたがこれ以上私に近づいたら警察に通報するぞ。すぐに出て行け」と怒鳴った。しぶしぶコズエさんは帰って行ったという。浩司さんは恐怖のあまり、ずっと娘が帰宅するまで、しっかり携帯を握りしめていたらしい。

私は呆れ果てて姪の話を聞いた。ネグリジェってどんな色のを着ていたんだろうと変なことが気になって姪に尋ねたら「そんなこと知ってるわけないじゃない。それより照葉パパが襲われなくて良かったわよ」と憮然とした顔で答えた。

今までは想像もしなかったが、独居老人というのは心配ごとが多いのかもしれない。実は男性の老人が襲われる確率の方が女性より高いのだろうか。何年か前に後妻業という言葉が流行したことがあった。あれは老人からお金を巻き上げて殺してしまう女性が本当にいたからでもあった。この時も私は思った。なぜ、そんなに強引なんだろう。相手の男性のお金を最後まで搾り取るつもりで凶行に走る。これでは男の方も、うかうかとしていられない。

後に姪が照葉さんに聞いたところでは、浩司さんはこの一件で大変なショックを受けたらしくて2、3カ月は元気がなかった。医師からの抗うつ剤の助けがあって、ようやく回復した。それから娘にぽつりぽつりと語ったところでは、彼の布団にもぐり込んで来たコズエさんは、「あたしにまかせてね」とささやきながら、彼の性器に手を触れたのだそうだ。「汚らしいことをするな」とその手を払いたかったが、なにしろ右腕しか使えないからうまく防御出来ない。それが浩司さんには悔しくて腹が立った。

「俺があんな女を相手にすると思ったのか。そこからして馬鹿にしている」という怒りは、娘にはよく理解出来るのだそうだ。なぜなら照葉さんのお父様は年齢の割には足が長くて、彫りの深い端整な顔立ちだ。女の人にはすごくモテた。現役で働いていた頃には、それなりに浮いた話もあったのだろう。まさかコズエさんみたいに無遠慮で厚かましい女性にわが身を蹂躙(じゅうりん)されるとは思ってもいなかったはずだ。まさに我慢のならない屈辱だった。

もし逆に男性側が女性の寝床に無理矢理入ったら、これは立派な犯罪となる。私には介護をする人の気遣いと、される側の不安の両方が初めてわかった気がした。今や男性もセクハラをされるなどということが実際にあるとは夢にも思っていなかった。

もちろんケースバイケースで、さまざまな要因があるのはわかる。だが、照葉さんのお父様のケースは自信満々の女性たちが起こしやすい勘違いの一例ではなかったろうか。

そう考えていたら、昔からの友人のヒロコさんを思い出した。彼女の場合、モテ期は人生の前半ですべて使い切ってしまったようだ。20歳から35歳までのヒロコさんはなぜかモテた。特に美人ではないヒロコさんだが、「私はモテる。私は美人だ」という自信を持ったのは、ある出来事がきっかけだった。27歳の時に知り合ったイケメン俳優と短い期間だが恋人関係になった。といっても彼には妻子がいたし、かなり年上だった。1カ月に1回くらい会うのはホテルの一室で、食事に行くこともなかった。その上、関係は2年ほどで終わった。だから、あれは恋愛だったのかどうか、私は疑問に思う時もあるのだが、ヒロコさんはその時から今まで、ずっとそのイケメン俳優に夢中である。

「私が彼の妻に嫉妬するなんてあり得ないわよ。だって週刊誌に出ていた彼の妻って、まったく平凡な顔した女よ。あんな人と比べられても困るわよ」

「彼が私に惚れたのは頭がいいからだと思うの。ほら、すぐにマスコミに売り込んだりもしないし、安心して何でも話せるからでしょ。彼がもし独身になったら、きっと結婚してくれって私に言うんでしょうね」

こうした言葉を私は会うたびに聞かされて来た。でも、真剣な恋愛なら、もう少し付き合い方があるものだろう。それでも、私は何も言わなかった。彼女が大恋愛だと思い込んでいるのなら、そしてそれで幸せなら、他人が余計な口出しをする必要はないのだ。

「今までたくさんの男性に口説かれてプロポーズもされたけど、彼のことが心の底に引っ掛かっていたから、全部ふっちゃったの」とヒロコさんが言ったのは、彼女が53歳になった年だった。「あら、勿体ないじゃないの」と思わず私が口走ったら「だってあなた、普通の平凡な男なんて彼と比べたら枯葉みたいなものよ。なんの輝きもないもの。この私が結婚するなんてあり得ないわよ」と顎を上げて断言した。

有名人とたった2年ほど体の関係があった。それだけの事実がこれほど彼女に自信をつけさせてしまったのはなぜなのか。私は今でも回答が見出せない。

そもそも女にとって男とは何なのだろう。市場価値の高い男ほど貴重かといえば、そうとは限らない。むしろ年を取ったら平凡でも安定した生活がいかに有難いかに気づくものだ。

気がつかないと、とんでもなく見当違いな言動をしてしまうかもしれない。やたらな自信は持たないに越したことはないのだ。モテない女として生きて来た私だからこそ、確信を持って言えるのである。

# 第十五話

# 息を吐くように嘘をつく女

これはある二人の男性の身に実際に起きた話だ。彼らは親しい友人同士ではないが、お互いに面識はある。なぜなら二人とも、日本ではごく一握りしかいないと言える、いわゆる上流階級に属しているからだ。どうして私が二人を知っているのかを説明できたら、このエピソードを紹介するにしても、きっと説得力が増すと思う。だが、取材対象者のプライバシー保護のため、そこは書けない。ただし、彼らが遭遇した災難のディテールはすべて真実だ。いっさい話を盛ってはいない。

まず、84歳の井上氏についてから始めたい。彼がアヤさんと再婚したのは55歳の時だった。前の奥さんが亡くなって2年ほどした頃である。娘が一人いたが、もう結婚していた。ある老舗の大企業の社長だった井上氏は裕福で、若い頃はイギリスとスイスに留学した。交友関係も広くて、彼の会話の中には、しばしば海外のセレブの名前が出て来るのに私は驚いた。アヤさんと再婚する前には何人かの愛人もいたらしい。

だが、アヤさんには、ほとんど一目惚れだった。なぜか。それは当時39歳だったアヤさんが、本能的に彼が求めているものをすべて備えているように見えたからだ。昨年、1時間だけ取材に応じてくれた井上氏は、次のように語っている。

「まず、彼女は僕と同じイギリスの大学を卒業しているとのふれ込みだった。後でわかったのですが、それはまったくの嘘でしたね。でも、イギリスの高校を卒業して、僕と同じ大学の聴講生だった時期があったらしく、一応それなりの英語は喋りましたよ。彼女の父親は僕のビジネスに関わりのある中小企業の創業者で、業界では信用が厚い、良い方でした。彼の娘だからという安心感は初めからあったでしょう。その上年商10億以上の経営コンサルタントの会社を自分で起業して、もう9年近く経営していると彼女は自慢していた」

なによりアヤさんが若い頃の岡田茉莉子に似た美人だったのも井上氏が恋におちた理由の一つだったと思われる。ゴルフ、テニス、水泳とスポーツも万能だし、経済的にも自立したビジネスウーマンと井上氏の目には映った。つき合い始めて3カ月ほどで、二人は婚約した。

この時にアヤさんは井上氏にベンツの新車をポンとプレゼントしたのである。実のところ、それはアヤさんが長期のローンを組んで、やっと買ったのだとは、この時の井上氏は知る由もなかった。即金で2000万円もする高級車を買ってくれたのだと思い込み、アヤさんを凄腕の経営者だと尊敬もした。

実はこの頃、私はアヤさんのお父さんの会社で経理を担当している女性と親しかった。その千枝子さんは、とても真面目な人で年齢は私と同じくらいだった。お金の計算が苦手で、その上いつも手元不如意な私を見かねて、千枝子さんはさまざまなアドバイスをくれた。一番有難かったのは、彼女が定期預金の積み立てをすすめてくれたことだ。もう30年も昔だが、私はそれだけは真面目にせっせと貯めた。10年後に定期は満期になり、そのお金を頭金にして最初の家を買った。「宵越しの金は持たない」という下町気質の母親に育てられたので、千枝子さんのアドバイスがなかったら、とても家など持てなかっただろう。

　そんな千枝子さんが、二人で食事をするたびにこぼしていたのが、社長の娘であるアヤさんの浪費癖だった。なぜ、父親の会社の経費で海外出張や巨額な買い物をするのか、千枝子さんにはわからなかった。しかも会社では社長の長男が専務として働いていた。長女のアヤさんは社員にもなっていない。それでも、彼女が支払えない借金は会社からの貸付として処理した。それがもう1億円以上になっていると聞いたのは20年ほど前のことだ。会社の業績は好調なので、なんとか回っている。しかし、父親である社長がアヤさんにきちんと注意をしないことに千枝子さんは苛立っていた。

　その後、千枝子さんは面倒なことに巻き込まれる。社長から、娘のアヤさんの会社の経理を見てやってくれと頼まれたのだ。どうせ杜撰な経営をしているに決まっているので、断りたかったが、社長から直々に懇願されると断れない。結局千枝子さんはアヤさんの会社に出向せざるを得なくなった。業務はマーケットリサーチと聞いていたが、ほとんど実態のない会社だった。なにしろ、日本の企業のコンサルタントを担当するといっても、クライアントが一社もない状態。それでいながら港区には立派なオフィスを構えて社員や秘書まで雇っていた。もちろん大赤字である。すぐに千枝子さんは社長のアヤさんに、赤字がなるべく小さいうちに会社を閉めましょうと進言した。しかし、アヤさんは平然と言ってのけた。

「あたしは今、大きなビジネスを抱えているのよ。口出ししないでよ」

「でも、社長、オフィスの家賃がもう半年も未払いです。明日にでも振り込まないと」

千枝子さんが危機感をあらわにして説得しようとすると「それならあなたが銀行から借りるか、父の会社に言ってちょうだいよ」と、まるで他人事のような口調だ。銀行だって簡単にはお金を貸してくれないし、アヤさんのお父さんの会社は、すぐに経理部長に断られた。困り果てた千枝子さんは、自分の預金から家賃の300万円を立て替えて支払った。数字には几帳面な千枝子さんは、知らん顔が出来なかったのだ。翌月にはアヤさんが父親の会社に泣きついて2000万円の借り入れをした。それでも千枝子さんにお金を返そうとしない。

私は何度か千枝子さんの愚痴を聞いて、はらわたが煮えくり返る思いだった。結局千枝子さんも、たまりかねてアヤさんの会社を退職した。ついに300万円は返してもらえなかったそうだ。

その少し前に、飛んで火に入る夏の虫ではないが、井上氏がアヤさんに引っ掛かったのである。まったく予備知識がないまま、美貌のアヤさんを、やり手の女社長だと信じ込んで結婚した。

すべてが順調だったのは、最初の3年くらいだった。その後は次々と悪いニュースが入って来た。といっても私は千枝子さん経由で噂話を聞くだけだったが、気が遠くなるほどの借金と嘘をアヤさんは重ねていた。

やがてアヤさんの父親が亡くなり、長男が会社を継いだ。その長男は亡くなった先妻の息子なので、別にアヤさんと特に仲が良いわけではない。自分の妹の借金が、会社の経営を脅かすほどに膨れ上がっているのを知ったアヤさんの兄は、井上氏と会って窮状を訴えた。「そうですか。申し訳ない。さっそく家内とよく話し合って対策を講じます」と井上氏は頭を下げて帰って行った。

ところが、家でアヤさんに「どうするつもりなんだ?」と井上氏が詰め寄ると「あら、それは私が借りたんじゃないのよ。実はねパパが勝手に会社のお金に手を付けたの。私に返せなんて言われても困るわ」と眉一つ動かさずに平然として答える。もうアヤさんの父親はこの世にいないのだから真相は藪の中だが、いくらなんでもそんな非常識なことを先代の社長がするとは考えられなかった。

そのため、千枝子さんは久しぶりに井上氏に呼び出されて、数々の質問をされた。

いったいアヤさんはイギリスの大学を卒業しているのか? 答えは「ノー」だった。中学生の時に担任の先生と大喧嘩をした。卒業と同時にロンドンに送られたのは、両親も彼女の荒い気性を持て余していたからだった。そして寄宿舎制の高校から、有名大学の聴講生になったが、

1年くらいで日本に帰って来た。

では、彼女はずっと独身で仕事に打ち込んでいたというのは本当なのか？ これも「ノー」だった。千枝子さんはアヤさんが反社の世界の男性と結婚すると騒いでいたと思ったら、外国籍の在日2世の男性と10年以上も同棲していたのも知っていた。どちらの男性も実は既婚者だったし、国籍やDVの問題があって結婚には至らなかった。

アヤさんは、自分の年収は最低でも5000万円あると言っていたが？ との問いには「500万円すらなかったでしょう。50万円あったかどうか……」と千枝子さんは首を傾げた。

もう50代になっているアヤさんだが「おそらく、奥様は今まで一度もご自分の力でお金を稼いだことはなかったはずです」と井上氏に告げた。さすがに彼も唖然とした表情だったという。

自分の妻が勝手に2億の借金を抱え込んでいると知ったら、男はどんな行動に出るものなのだろう。一流の経営者として世に知られている井上氏だけに行動は素早かった。

翌週の月曜日に、彼の愛車であるフェラーリに、つめるだけの衣類と靴を載せて去って行った。もちろん、車体がぺったんこのスポーツカーにつめられる品物などたかが知れている。すべて、彼が愛用していたものばかりだった。

そして、その夜、井上氏は妻に電話をした。

「僕はもう家には帰りませんから」とだけ告げた。

井上氏が無事にアヤさんとの離婚を成立させたのは、家出をして1年後だった。父親が亡くなり、井上氏も去った後のアヤさんは、すぐに毎月の光熱費にすら困窮する有様となった。離婚要請に応じて、住んでいる家を売却する以外に、彼女の選択肢はなかったのだろう。もはや彼女の嘘を信じてくれる、あるいは信じているふりをしてくれる家族は、誰もいなかった。

すでに井上氏は再婚している。したがって、これ以上詳しく彼の近況に触れるのは控えたい。ただ、私は井上氏と会った直後に、はたと思い出した男の人がいた。それが三橋氏だった。気味が悪いほど三橋氏は井上氏に似た経験をしている。

実は三橋氏は4年前に脳溢血で亡くなった。この時に彼の友人たちは、三橋氏が妻のノリさんに終生悩まされていたのを知っているので「あの女に殺されたようなもんだよ」と憤った。そうかもしれないと私も思った。まだ逃げ切れた井上氏の方が幸せだった。なぜならノリさんもまた異常なほどの虚言癖があるからだ。小学生の頃から、嘘をつくのが平気な子供で「今日はね、100カラットのダイヤを持ったお客さんが家に来るのよ」と友人たちに自慢するのなど日常茶飯事だった。

三橋氏もノリさんの実家も、いわば名家同士の釣り合いを考えての結婚である。しかし、迎えた新婦は初めから婚家では浮いていた。

これはどこの家でも同じだと思うが、それぞれの家には、今まで培われて来た家風というものがある。その家風があまりにもかけ離れていると、難しい局面が出て来る。それでも、難しい局面が出て来るなんとかその違いを擦り合わせて生きてゆくのが夫婦かもしれない。

しかし、ノリさんは夫の家族を徹底的に排除した。そのため一人娘は父方の祖父母ともあまり会ったことがなく、まして三橋氏の弟や妹の子供達とはまったく交流がなかった。いったいノリさんの実家は何を考えていたのかわからないのだが、この結婚を強く三橋氏にすすめたのは、ノリさんの兄だった。

「お宅で嫁を迎えるのに、釣り合いが取れるのは家の妹くらいのものだろう」と何度も助言され、人の良い三橋氏はその気になった。もちろん、ノリさんが小学校から大学まで続いている私立の超難関校に入学したは良いけれど、中学を卒業する時に退学となったことなどまったく知らなかった。あまりにカンニングを繰り返し、成績も悪かったためだと噂されたが、真相は不明だ。

慌てたノリさんの母親が、彼女をフランスの学校へ入学させた。

今も絶大な人気を誇るイギリスのダイアナ元妃が、高校を卒業して大学に入学するための資格を得る「バカロレア」という試験に何度もチャレンジしたが、ついに合格しなかったのは有名な話である。そうした勉強が大嫌いな貴族や富裕層の娘たちのための花嫁学校がヨーロッパにはあった。寄宿舎制であり、生徒はのんびりと気儘に過ごせる。

いずれにせよ、ノリさんもまたアヤさんと同じく、英語やフランス語は堪能だった。そしてシニカルな言葉をよく発するので、いかにも才気煥発（かんぱつ）に見えた。

私は知人の大学教授から、彼の若い頃の体験を聞いたことがある。当時、フランスから帰国したばかりのノリさんが実家にいた。彼女のお兄さんに用事があって、知人はその家を何度か訪ねた。まったく服装には無頓着で学問一筋の人だったため、いつも同じ背広を着ていた。すると、3回目の時にノリさんが知人に言い放った。

「ねえ、あんた同じ背広を何枚も持っているの？」

意味がわからず、「は？」と知人が聞き返すと、「だって、あんたいつも同じ格好しているじゃない。だから、その背広を何枚も持っているのかと思ったのよ」と答えてニヤリと笑ったそうだ。

まだ若いのに、なんと性格の悪い娘がいるものだと知人は天を仰ぐような気持ちになったという。ましてその娘が三橋家に嫁いだと知って驚愕した。

しかし、ノリさんの美貌と語学力が気に入って三橋氏は結婚を決めてしまった。

「俺はどうして結婚したんだろう？　顔だって好みのタイプじゃないんだけど」と晩年の三橋氏がぽつりと呟いたのを、私は今でも憶えている。

結婚して間もなくから、彼女のパフォーマンスは始まった。三橋氏の実家の親族がいるパーティーなどに出席すると、必ず帰宅直後に玄関で倒れる。初めは三橋氏も狼狽して、彼女を抱き上げて寝室に運んだ。きっと疲れたからだろうと思った。しかし、あまりに何度も続くし、倒れるのは必ず大理石を貼った床ではなく、絨毯が敷いてある場所なのに気づいた。ああ、これは芝居なのかと思ったら、彼女の発する言葉のすべてが芝居じみて聞こえた。思い切って精神科の医師に相談したら「現代は、たいがいの精神疾患は治療が可能です。しかし、息を吐くように嘘をつく人には何の治療方法もありません」ときっぱりと返されて、二の句が継げなかったそうだ。

三橋氏は離婚を強く希望したのだが、ノリさんは聞き入れなかった。彼女は三橋夫人というステイタスにこだわったのだろう。同じ女性として、彼女の気持ちがわからないわけではない。しかし、正直なところ井上氏も三橋氏も、とにかく妻の虚言癖に悩まされた。しかも三橋氏に至っては、そのために体調を崩し70代なのに脳溢血で突然亡くなった。もう少し、虚言癖という病気についての関心が高まってもよいのではないか。男女問わず、虚言癖のある人への対処法を教えてくれる研究書があるかどうか、今度調べてみるつもりでいる。

# 第十六話　ビジネスケアラーの悩みは深い

同世代の友人たちに会うと、必ず交わす会話がある。

「面倒な時代になったものね」

「本当に、年寄りはどうしろと言うのかしら」

これは3年半前にコロナ禍が始まった頃からだ。ワクチンを接種するようにと区役所から手紙が来る。ところがいくら電話をしても窓口はお話し中で、予約が取れない。初回の時はひどかった。ネットで予約すれば早いと若い人に教えられても、どんな手順でするのか皆目わからない。

その間にもおサイフケータイというものが普及し始めて、たいがいの支払いは携帯ですませる人が多くなった。通販だって、ネット注文なら簡単だが、電話だと時間がかかる。

さらに巷に氾濫するカタカナ言葉の意味に頭を悩ませる仕儀となった。

オワコンとは何のことだと姪に聞いたら笑われた。もういささか古い表現になっているそうだ。意味は、終わったコンテンツの略。じゃあ、コンテンツは何かと問えば、もともとは内容という意味だが、それは人間でも流行でもあてはまるという。世間からは用済みとみなされた人は、オワコンと陰で呼ばれる。すでに誰も見向きもしない終わった人。つまりは私みたいな老人のことかと聞いたら、姪は微妙な表情でまた笑った。

最近は、新聞やネットの記事にタイパという言葉が頻出し始めた。タイムパフォーマンス＝

時間対効果ということらしい。短時間で、どれだけの効果を上げられるかが重視されている。家事から勉強に至るまで、今の人たちは結果を出すのを急ぐ。しかし、節約した時間を何に使うのだろう？　料理の下手な私は、どこかで手抜きをしたら美味しいものは作れないと信じている。でも、今はタイパを重視した電子レンジ対応のレトルトや冷凍食品の売り上げが飛躍的に伸びているらしい。

それも時代の流れかと、ぼんやり他人事として眺めていたら、つい最近、不思議な新語に遭遇した。

「ねえ、工藤さん、私たちってビジネスケアラーよね」と友人が電話口で言ったのがきっかけだった。その友人である澄子さんは68歳。半年ほど前に同い年の旦那さんが病気で倒れて、歩行困難となった。夫婦共に働いていたので、片方が介護生活になるのは経済的にも痛手である。二人のキャリアや病気についての詳しい説明は省くが、長年同じ職場にいて、とても息の合ったパートナーでもあるのは確かだ。

ビジネスケアラーという聞き慣れない言葉にちょっと戸惑ったが、つまりは仕事をしながら誰かの介護をしている人を指すらしい。それならば団塊世代でも、親の介護をしている友人はけっこう多い。なにしろ人生１００年時代である。それだけ長寿社会になったわけだが、同時に介護を必要とする高齢者が増えている。かつては、子供が親の介護をするのが当り前と思われていた。しかし、最近は自宅で徹底的に面倒を見ている人、老人ホームに入っている親を定期的に訪ねているケース、その中間で、月に2週間ほどショートステイに預けて、それ以外は自宅で見る例もある。とにかく子供だって、もう60代から70代である。体力的にも介護生活に無理が出るのは当然だろう。

一方で、子供の世代がすでに仕事をリタイヤしている場合は、親の世話がし易いともいえる。そんな友人が私には五人くらいいるが、うまく時間を有効に使って、自分の老後も楽しんでいるように見える。

しかし、ビジネスケアラーというのは、まったく違うケースらしい。澄子さんのように、まだ現役で働いている人。それがパートナーの介護をしなければならない境遇になったらどうするのか。まさにそれがビジネスケアラーの問題だと澄子さんは言う。

実は彼女が私に電話をしてきたのには理由があった。私自身も、ほぼ澄子さんと同じような境遇にいるからなのだ。いや、澄子さんほど切実なわけではない。彼女は現場でバリバリ働いている。一流企業のサラリーマンと変わらぬ報酬を得ていると聞いた。

私は、細々と自分が好きな仕事を続けているだけだ。正々堂々とビジネスケアラーとは宣言出来ないが、それでも、3カ月ほど前に、夫の腎不全が悪化して人工透析をするようになったことから、わが家の生活形態は一変した。

たった一人で家事を引き受けるのは、こんなに負担になるのかと初めて知ったのである。若い頃ならどうということもないのだが、70歳を過ぎてからは、本当に体力が続かなくなった。すぐに疲れる。気が滅入る。腹が立つ。理由はわからないのだが精神的に不安定になった。

81歳の夫はまさに昭和の男だから、台所に立つのなどとんでもないと思っている。しかし、ここ3、4年は私があんまり文句を並べ立てるので、渋々手伝うようになった。それでも、せいぜい食べ終わったお皿を台所に運んだり、ゴミ出しをするくらいだ。これは前にも書いたが、そもそも夫と結婚した理由は、シャンデリアの電球を取り替えるのに便利だろうと思ったからだ。

私の両親は早くに離婚したので、小学生になる頃にはもう父は家にいなかった。いわゆる女所帯で育って、強烈に憶えているのは、電球を取り替えてくれる人が不在だったこと。母も子供たちも、切れた電球にどうしても手が届かない。ああ、これは情けないと子供心に思った。それで夫が身長182センチと聞いて、すぐに結婚を決めた。今にして思えば、身長なんかじゃなくて年収を知っておくべきだったのだが。

それはともかく、透析治療を開始する前に、夫は3週間も入院した。足は浮腫んでいたし、心臓の周りにも水が溜まっていたし、とてもすぐには透析を始められる状態ではなかったからだ。

私にとっては久しぶりの一人暮らしが始まった。すると、まるで神様が見透かしていたかのように、次々と小さな難問が持ち上がった。まずは、その週に早々とダイニングテーブルの上の電球が切れた。続いて暑くなったのでエアコンを入れようとしてリモコンを押したのに、うんともすんとも動かない。このエアコンは天井の上にはめ込んであるので、私がいくら背伸びをしても型番すら見えないし、保証書は夫の書斎の本棚のてっぺんに載っている。そんなもんを取るために踏み台なんか使ったら、すぐに落ちて骨折しそうだ。そして極め付きは台所にゴキブリが出没した事件。これは過去30年で初めての緊急事態である。ものすごく大きく艶々したゴキブリは私と目が合うと、あっという間に逃げた。

しかし、いくら私がキーキー叫んでも、駆けつけてくれそうな知り合いは誰もいない。夫しかこの家を守る部下も同志もいないのかと実感した。

そんなわけで、めでたく夫が退院した時は嬉しかった。これで通常の生活が始められると思ったのだが甘かった。夫は透析を受けることになって、障害者手帳を支給される。それはつまり日常の生活に支障をきたす可能性がじゅうぶんにあるということだ。うかつなことに、そこまで私の想像力は及んでいなかった。以前と同じように電球を取り替えてくれると考えていたのが大きな間違いだった。どうやら透析治療は夫の身体から大量のエネルギーを奪うようだ。彼はまったく動かなくなった。ほとんど歩けない。そして気難しくなった。週に3回も病院に行って、4時間も拘束されるのだから、当然かもしれない。

もともと、ここ数年は家事で手一杯になり、私の仕事量は減っている。その上、長年つまらない本ばかり書いてきたから、売れないのは当り前。細々営業中という感じだったが、それでも原稿を書く時間を捻りだすのがえらく難しくなった。

売れっ子の作家さんの中には、ちゃんと夫を自宅で看取った過程を書いて、それがまたベストセラーになったりしている人もいる。才能があって商売上手なのだろう。羨ましいがとても真似は出来ない。

もはや私は仕事をすべてやめる時期に来ているのかと考えていた時に、ちょうど澄子さんから電話があったのだ。

「そりゃあね、私だって自分の年齢を考えたら、仕事から手を引くべきかもしれないけれど、でもそれってておかしいと思うのよ。なんで働く女を社会は応援してくれないのかしら」

珍しく澄子さんが激した調子で喋っている。いつもは冷静な女性だし、理知的な判断を下すからこそ、彼女の仕事は長年にわたたって世間に高く評価されてきた。しかし、どうやら我慢の限界だったたらしい。

30分以上、滔々(とうとう)と電話口で不満を述べる彼女の論点は概ね次のようになる。

日本社会でも近年は介護問題を心配する人口は多い。ヤングケアラーという言葉は、誰も世話をする人がいないため、親の介護に明け暮れざるを得ない子供たちを指す。それはけっこうな人数になっているらしい。だから社会問題化して新聞や雑誌によく取り上げられる。勉学の機会を奪われる子供がいてはならないと政府も本気でこの問題に取り組む姿勢を見せている。ただでさえ少子化が深刻な日本では、せっかく生まれた子供たちに静謐で豊かな環境を整備してあげるのが大人の責務だ。

それは理解しているが、なぜか女性のビジネスケアラーの困難は、ほとんど報道されないし問題視されていない。

「親の介護なら、それこそ昔からみんながやってきたことだし、さまざまな選択肢があると思うの。お金の準備とか、きょうだい間での話し合いとか、公的機関からの補助もあるでしょう。もちろん大変だけど、それが必ずしもお嫁さんにだけ押し付けられる仕事ではなくなったわよね。

ところが、今では工藤さんくらいの団塊の世代だって、それこそ巨大な塊のままで、いっせいに年を取ってしまっている。多様性の時代だから、まだ現役で働いている人もいるし年金生活の人もいる。でも、介護を必要とするのはどうしても男の人が多いみたい。男性が年上の夫婦というのが以前は当り前だったからでしょ。それを妻が家庭で看るのは妻側にしたらすごい負担よね」

言われてみると私と同年齢の友人たちの旦那さんは、80歳前後が多い。それに、もう旦那さんが亡くなって独りの女性もけっこういる。つまり、夫に最期を看取ってもらえる妻の方が少ないのは事実だ。

「うちみたいに夫婦揃って60代後半なんて、一番厄介なケースよ。世間では私が仕事をあきらめて介護するのが当然という目で見るのよ。だけどね、もちろん収入の面でもまだ仕事は続けたかったし、それ以上に私にとっては現役で働くことは生き甲斐だったの。だって、私にしか出来ない仕事だし、それが誇りなんだもの。

だから主人が倒れて介護が必要になった時は目の前が真っ暗になった。息子夫婦はずっとアメリカに行ったきりで、孫なんて日本語も話せない。それぞれキャリアを持っている息子と嫁にパパの介護をするために帰国してくれなんて言えるわけないいし、専門の看護師さんや介護士さんを雇うのは大変な費用がかかる。すると私が仕事をやめるしかなくなるのよ」

澄子さんは、どんどん追い詰められている感じだった。甲高い声が時々苦しそうに詰まってしまう。

もっぱら相槌を打っていると、澄子さんの辛い気持ちがこちらにも伝染する。そもそも仕事と家庭に掛けるエネルギーの比重はどのくらいの割合かわからない。だが、どちらが消失しても空しくなるだろう。

ふと気がついて彼女に尋ねた。

「旦那さんは、澄子さんにお世話してもらいたいの？ それとも介護士さんとかお願いして、澄子さんには仕事を続けて欲しいわけ？」

それによっても対応が変わってくるはずだ。わが家の夫は私に、さっさと仕事をやめてくれと5年前くらいから言っていた。収入は少なくなるが、二人で預金を切り崩し、今もらっている年金を大事に使えば、人並みの暮らしくらいはなんとかなる。もう海外旅行もレストランでの食事もしなくていい。一汁一菜で慎ましく暮らすのが年寄り夫婦の正しい生き方だぞと、真面目な顔で説教するのである。

ふん、そんな退屈な生活を誰がするもんかと私は反発していた。もはや老い先が短いのだから買いたいものは買うし、行きたいところへは行くぞと、心の中では悪態を思い切りついていたが、やっぱり実際の行動範囲はどんどん狭まりつつあった。まさに介護包囲網である。

「うちの場合はね、もともと同業者として知り合って結婚したから、その部分は文句を言わないのよ。料理にもうるさくないしね。ただ、一つだけ誰にも言えない悩みがあるの。だから工藤さんに電話したわけ」

そろそろ電話を切ろうかという雰囲気になった頃には、1時間が過ぎていた。これから悩み相談って何だろうと私はちょっと身がまえた。

気配を察して澄子さんは慌てた調子になり、早口で喋り出した。

「うちの主人はとにかく真面目な人でね、40年くらい一緒に暮らしているけど浮気したことなんて一度もないのよ。それは妻としては有難いんだけど、身体に障害があって思うように片方の手足が動かせなくなってから、奇妙なことを言いだしたのよ」

「はあ、奇妙って、どんなこと？」

私が尋ねると想像もしていなかった返事が戻って来た。そのまま書くと、あまりに生々しいので、少し私の言葉で整理してみたい。

初めに書いたように澄子さんは68歳である。私よりは少し若いけれど、夫婦関係はもう惚れた腫れたの時代を通り越しているはずだ。お互いに相手をよく知り尽くしている唯一無二の存在くらいの感じか。

そんな澄子さんに、ある日、ツインのベッドで寝ている旦那さんが、就寝前の添い寝をしてくれと頼むようになった。澄子さんは驚いたし、躊躇もした。正直なところ、仕事で疲れていたから早く自分のベッドの方で、のびのびと寝たかった。

しかし、旦那さんは執拗に懇願するのだという。抱きしめて、自分のペニスを握りしめて欲しい。ペニスの先をそっと愛撫してくれないかと頼まれる。そうするとペニスは堅くなるが、すぐにまた萎えてしまう。

「私が仕事と家事でどれだけ疲れているかわかっているの？　甘ったれるのもいい加減にしてよ」と喉まで出かかるのだが我慢する。なにしろ相手は病人である。妻として、そんな酷い言葉はぶつけられない。承知はしているのだが、嫌悪感から逃れられないのだと彼女は言う。

たとえば私の夫がそんなことを切望したら、いい年なんだし、やめようよとあっけらかんと言ってしまう気がする。でも、澄子さんの旦那さんの気持ちもわかるのだ。妻に抱きしめて触ってもらって安心したい。それは自然な感情だろう。澄子さんだって、そこは理解しているからこそ困っている。

女性のビジネスケアラーの悩みは多種多様だ。それらは深くて重いのだ。そしてこれからの時代に、女性が直面する新しいテーマでもあると思った。介護のためのロボットが開発されているとよく耳にする。もしそうなっても、病人は人の温もりや触れ合いを求め続けるものではないだろうか……。

# 第十七話

# ママ活とパパ活の間を彷徨（さまよ）って

まったく自分の勘の悪さが情けなくなる。お互いによく知っている間柄のつもりでも、相手の気持ちをちゃんと察していないことが私にはしばしばある。それだけ感受性が鈍いのだろう。

第十六話に登場してくれた澄子さんの心の深層で何が起きているのかを、私は理解しているつもりだった。68歳の彼女の旦那さんは病気のため左半身が不随になった。その介護と家事と仕事をこなすのは、精神的にも肉体的にも、かなりの重荷になっている。さらに旦那さんだって心細いから、何でも澄子さんに依存しているように見えた。まあ、男なんて、みんなそんなものよと、私は無責任に澄子さんを励ましたりもした。

いや、自分では彼女の一番の良き理解者のつもりだったのだ。なにしろ、私の夫も最近になって週に4日の透析治療を始めた。そして、まったく動かなくなった。お腹が空いたら、ダイニングテーブルに座っていれば、妻が何か見つくろって食べ物を並べてくれると信じている。しかし、私だって忙しい時や疲れている時もある。たまには夫も、自分で今日は何を食べようかと考えないものかと腹が立つ。料理をしろ、皿洗いをしろとは言わないが、食事のメニューくらい考えてくれても罰は当たらないだろう。

だが、いくら私が不機嫌な顔を見せても、夫は平然として待っている。もしも私が仕事をしていなかったとしても、やっぱりこれは不公平だと感じる。「私はね、電気炊飯器じゃありませんよ」というセリフが喉まで出かかるのだがいつも我慢する。夫はいかにも身体が辛そうだ。

動くのが難儀なのだろう。そう考えると哀れにもなる。妻以外に頼る人がいない男なんて、しょせんは無力な存在だ。

実は私は、いたって単純だが奇妙な信念を持っている。それは困っている人を見かけたら、自分に何ができるかをまず考えてみようということだ。もちろん、何もできないこともあるけれど、ちょっと手を差し伸べたら事態が改善するケースも多々ある。重い荷物を持った老人の手助けとか、長患いの知人に美味しいものを送るとか、被災地への寄付とか、せいぜいそんな程度だけどできる範囲でお手伝いをする。そうすると、きっと来世では自分も誰かに助けてもらえる気がする。そんな保証はどこにもないのだが、目の前にいる夫に辛い思いをさせたら、あの世で罰が当たるに違いない。だからなるべく夫を邪険に扱わないようにと心掛ける。

若い人に言ったら、馬鹿みたいな迷信だと嘲笑されそうだ。実際にあの世に行ったことがある人はいないのだから、誰にもわからない。でも、生命は現世だけでは終わらないのだと考えると、ずいぶん気持ちが楽になる。人によって違うけれど、結局、宗教とか神様とかって、死ぬ時の心構えを整えるためにあるんじゃないか。どうすれば死後の世界を信じられるのか。それは来世が必ずあると信じることだと気づいたら、死ぬことも別段怖くなくなった。

どうにも鬱々としてはいるものの、なんとか平穏な毎日を過ごせるのは、あまり現世で多くを望まなくなったからかもしれない。

そんな私のところに、澄子さんからどうしても相談したいことがあるという連絡があった。コロナが流行し始めてから4年くらい、友達と会う回数は数えるほどしかなかった。この前、いつ澄子さんと食事をしたのかも、今はもう思い出せないほどだ。

それでは、銀座のウクライナ料理の店でランチをしようと約束をして、受話器を置く間際に澄子さんの声が聞こえた。「ねえねえ、2時間くらいは大丈夫かしら?」

「もちろんよ」と答えて電話を切ってからはっとした。彼女のセリフっていかにも現役っぽいなあと。仕事に追われている人が発する質問だ。私は同世代の友人たちと食事をする時に、そんな質問はしないし、されることもない。みんな暇だからである。慌てて次の場所へ向かう必要がないのが年寄りの毎日かもしれない。

さて、久しぶりに銀座に現れた澄子さんは、とても若々しかった。旦那さんの介護に追われている女性には見えない。私より5歳も若いし、もともと美人だったからか。あるいは彼女が働く業界がお洒落なのだろうか。

「あら、そんなことないわよ。私なんて頰っぺたがどんどん落ちてきている。もうブルドッグよ」と澄子さんが否定する。だが、その次に発した言葉は私にはメガトン級の衝撃だった。

「今日はね、工藤さんに大事なお願いがあるの」とまず言って、ぐっと身体をこちらに乗り出すと小さな声で続けた。

「あのね、もしも私が急に死んだら、とにかくすぐに工藤さんに電話してって、よく会う人には頼んであるのよ。食事中ならいいわよ。でも、ホテルの一室で心臓麻痺ってことだって、私の年齢になればあり得るでしょ。その時に救急車を呼ぶのと同時に工藤さんの携帯に電話するように言ってあるの。わかるでしょ？　私の言葉の意味」

「え？　あなた心臓が悪いの？」

後から思い返すと、なんとも間抜けな返答をしたものだ。ただ、少し弁解させてもらうと、私はその日は澄子さんと夫の介護についての愚痴を語り合うつもりでいた。なぜ女性だけが家事全般を引き受けなければいけないのか。夫たちが病気なのは可哀想だけれど、介護がすべて妻に丸投げされるのは理不尽だ。そんな話をすると思っていたら、いきなりホテルの一室で、もし自分が死んだら、なんて言い出した。彼女は体調が悪いのだろうかと早とちりしたのだ。

「別に心臓なんて悪くないけど、不測の事態って、いつなんどき起きるかわからないじゃない。だから防波堤が必要だと気づいたのよ。それでお願いしておこうと思ったの」

ここでようやく私はピンと来た。そうか澄子さんには不倫相手がいるのだ。それを大前提として喋り始めたのだろうけど、私はまったく想像もしていなかった。だって彼女は68歳だし、旦那さんは病気だし、仕事は忙しいし、そんな人が不倫なんてする暇があるのだろうか。

怪訝そうな私の顔を見て、澄子さんはすべてを察したようだ。声のトーンを落として説明をしてくれた。しかし、この説明も私には理解が難しいものだった。プラトーノフ作の『チェヴェングール』くらい難解である。

旦那の介護問題はひとまず置くとする。そんなことよりも彼女の頭を占領していることがある。それがママ活とパパ活の問題であり、澄子さんはその両岸の間を彷徨(さまよ)っているらしい。

ここではなるべく簡潔に、人生の意味などをあえて問わないで、彼女の話の内容をさっくりと述べてみたい。まず、3年前にルイ君という若い男性と恋仲になった。別にホストクラブのホストではなくて、普通のサラリーマンだ。仕事の関係で知り合って、意気投合した。ルックスも良いし賢い青年なのだが、まだ32歳だから経済的には澄子さんの方がずっと豊かだ。したがって食事代もホテル代もすべて澄子さんが負担する。彼があまりにもダサくて安い背広を着ているのを見ると、つい澄子さんはボスやアルマーニに連れて行って、お洒落な衣服を買ってあげてしまう。

特に不満があるわけではないのだが、旦那さんの介護が始まって、もし自分が働けなくなったら、ルイ君とはしょっちゅう会えなくなるなと思った。その時に、ルイ君のしていることってママ活なのかしらという疑問が湧いた。別にセックスへの対価を払っているわけじゃない。普通の不倫カップルのつもりでいた。ルイ君は独身なので、その分は罪悪感も少なかった。

自分が若い男の子にもてると思うと嬉しかったし、ルイ君はお金が目的で自分に近づいているとも考えなかった。しかし、1カ月に30万円以上はルイ君のために使っている。それはルイ君のママ活だと誰かに言われたら、けっして否定はできない。そこで澄子さんは考え込んでしまった。この関係をいつまでも続けるのは不毛ではないかと。

旦那さんの介護もあって、ルイ君と会うのがそれほど頻繁ではなくなった去年の秋に、澄子さんの前に津川氏が現れた。

津川氏は、たまたま澄子さんの旦那さんが入院していた病院の理事長だった。仕事の関係で共通の知人がいて知り合った。彼は澄子さんより一回り年上の80歳である。妻子はいるが、もともと彼の実家がある関西にずっと住んでいて東京にはいない。孫もすでに成人していた。週末以外の日は津川氏は田園調布で一人暮らしをしている。

功成り名を遂げた昭和の男の典型である津川氏の目には、有能なキャリアウーマンである澄子さんの姿が新鮮に見えた。3回目の食事の時に、津川氏にハワイ旅行に誘われて澄子さんは同意した。旦那さんの介護に明け暮れる生活に澄子さんは疲れ果てていた。精神的にも安定していないのが自分でわかった。そんな澄子さんが女性の友人とハワイへ行きたいと告げたら、夫はすぐに賛成してくれた。たまには息抜きに行った方がいいよと勧める。留守の間は看護師さんや介護士さんに来てもらったし、夜は澄子さんの従妹にあたる女性が泊まってくれた。

実際に津川氏と旅行に行ってみて、澄子さんはいくつかの新しい体験をした。

まず、飛行機のチケットは津川氏が手配してくれた。自分の分は自分で払うと申し出たら、びっくりしたような顔をされた。

ホテルもまた、ホノルルの「ザ・カハラ」のスイートを予約しておいてくれた。二人で3泊の滞在だった。まったく当然のように津川氏は澄子さんに一切の支払いをさせなかった。

旅の最後の日に、津川氏は彼女をシャネルのブティックに連れて行った。そして澄子さんが好きなターコイズブルーのハンドバッグをプレゼントした。もうシャネルのバッグの2つや3つは持っている年齢だと承知しているから、あえて定番ではなくて、珍しい色を選んでくれたのだろう。それは、いかにも大人の選択だ。澄子さんの気分は昂揚した。

ふわふわと雲の上を歩くような気分で成田に着いて、単身で自宅に向かうハイヤーの中で初めて澄子さんは何か変な気持ちがした。もちろん、津川氏には以前よりもずっと強い好意を感じていた。それでも冷静になってみると気になる点がいくつかあった。

まず、ハワイにいる間、彼がとったあらゆる行動はきわめてスムーズだった。それはいかにも手慣れた感じがする。あの年齢で、しかも裕福だったら、愛人を連れてのハワイ旅行が初めてではないことくらいは察しがつく。たとえ不倫であっても、航空券、ホテル、食事などの代金を男性が払ってくれるのは、そう珍しいことではないと思う。だけど、最後に高級ブランドの70万円もするハンドバッグを買ってくれたのは、少し不自然ではないか。なんというか、やり過ぎの感じがする。

　あれはパパ活をしている女性に対する人の行動ではないかしらと気づいた。もしかして、たまたま自分は68歳で経済的にも自立しているけど、そうじゃない女性もいる。需要と供給が見合った時にパパ活は成立するのだ。彼は実はパパ活をされることに慣れている男なのではないか。そうじゃなかったら、あんなに気が利くはずがない。自分はパパ活の対象なのかと思ったら、気分がどっと落ち込んだ。冗談じゃない、私だってキャリアの面では同業者の間で、それなりに一目置かれている。経済的にも精神的にも自立した女のつもりだ。そう考えると津川氏のあの態度は、なんだか納得できない。簡単に言えば、相手に対するリスペクトが不足していないか。シャネルのバッグくらいは自分で買いますと、なぜきっぱり断らなかったのか。やっぱりパパ活をするのは無理なのかと澄子さんはひどく後悔した。

　そして宙ぶらりんで、気持ちの整理がつかないままで帰宅した。しかしその後も、ルイ君と津川氏に順番に会う日々が続く。夫は何も疑っていない。彼女が仕事で忙しいと言えば、その言葉を素直に受け入れている。だからこそ澄子さんはある不安に取り憑かれた。もし自分がホテルの部屋で急死したら、男たちはどんな行動に出るだろうと気になった。彼らは日陰の存在だから、すぐに部屋から去ってもらわなければいけない。しかし、ホテルの従業員に自分の遺体が発見されるのは嬉しくない結末だ。だから、男たちにはよく言い含めることにした。もしも自分が急死したら、まずは工藤さんに連絡して欲しいと。あの人は、どうせ旦那の介護があるから、いつもほとんど自宅にいる。電話で経緯を話せば、すぐにホテルに飛んで来て、後始末のバトンタッチをしてくれるはずだ。

そういう段取りになっているから、「なんとかお願いね」と頼まれた。

本人に拝み倒されて、私は断れなかった。そうこうしているうちに、約束の2時間は過ぎてしまった。次のアポがあるからごめんなさいと言いながら立ち上がった澄子さんは、あっという間に店を去った。

取り残された私は一人でコーヒーを飲みながら思った。なんて贅沢な悩みを、あの人は抱えているのだろう。

世の中には良い不倫と悪い不倫があるような気がする。

いや、もともと不倫はしない方が安全に決まっている。特にもう人生をやり直せない年代になって、失いたくない地位や名誉があるならば、やらない方がいい。そんなのはわかっている。しかし、澄子さんの場合は心のどこかで、世間に対して居直っている部分があるのだろう。これからも延々と続く配偶者の介護を考えたら、誰にも迷惑を掛ける心配のない不倫は許容範囲内だと自分で納得している節がある。後は不測の事態が起きた時に、さっさと動いてくれる友人を一人確保していれば問題ない。

私は別に不倫推進派ではないけれど、彼女がこれまでの人生で築いて来た社会的な信用や金銭的な蓄積を考えたら、二人の愛人がいるのは、さしたる問題ではないように思えた。

それに、もっと年齢を重ねたら、道ならぬ恋なんて夢のまた夢になる。例外的に90代になっても魅力的な女性はいる。しかし、それは稀有な存在だ。

あなたの悩みは68歳の女性にしては贅沢だと私は彼女に何度か言った。それはパパ活によってもママ活によっても満たされないものであるというのは贅沢だと感じたからだ。完璧な不倫なんてあるはずがない。ところが、澄子さんに即座に言い返された。

「私はね、なにも高望みしているわけじゃないの。どうしてもセックスしたいとも思わないし、主人と別れる気持ちもない。だって、介護問題なんて、早い話がお金があれば片付くことよ。優しくて気が利く人を何人か確保してシフトを組んでもらえばいいだけ。主人の名義の貯蓄を使い切るつもりなら、それくらいはなんとかなるのよ。株価だって今は値上がりしているしね」

それよりも心の問題だと彼女は力を込めた。私はしげしげと澄子さんの顔を眺めた。パッと見たところは、せいぜい50歳くらいの若さだ。ふむ、介護も美貌もお金があれば、なんとか手当てできるのかと、私は妙な納得の仕方で、釈然としない自分の気持ちと折り合いをつけた。

じゃあ、彼女はどんな不倫を求めているのかを聞いた。

「私が欲しいのは、やっぱりちゃんとした恋人？　愛人？　何でもいいけど、心が満たされる関係かな。ママ活されるのは情けないじゃない。せめてルイ君が5回に1回くらいでも、あっ、今日は僕に払わせてって申し出てくれたらいいんだけど、いつも平然と私にご馳走になるものだという態度でしょう。津川さんは、過剰に何でも買ってくれようとするし、でも実は勃起不全でセックスのフルコースは無理なのよ。あなた、バイブを使うほど空しいことはないわよ。だったらなおさら、デートなんて割り勘でいいし、高価なプレゼントはいらないでしょ。それなのにちっとも私の気持ちが読めないのは私がパパ活のつもりでいると思っている証拠よ。ああ、嫌になる」

いくら説明してもらっても、澄子さんの悩みはやっぱりないものねだりに聞こえる。しかし、現代女性の直面するあまりに多様で複雑な現実を炙り出しているのも事実だ。

日本の社会は富裕層と貧困層の二極化が進んでいるという。金持ちはもっと金持ちになり、貧乏人は、さらに貧乏になる。その中間に位置する庶民の数はどんどん減少しているらしい。女性がキャリアを確立し、しっかり地位や収入も得るようになった社会では、どうやら完璧な不倫をするのは難しくなった。対等な立場の男性と運よく不倫できるチャンスなんて、そうそう転がっていないのだろう。

パパ活もママ活されることも拒否したい澄子さんは、ビジネスケアラーでもある。仕事を続けながら夫の介護もして、さらに理想の不倫を夢見るのは、ちょっと虫が良過ぎる。

私は自分が、仕事と家事と介護で手一杯だからこそ、澄子さんの言葉に全面的には共感を示せなかった。でも、もし彼女がホテルの一室で突然倒れたら、その後始末をしてあげるくらいの友情は持っているつもりだ。

難解な物語が難解なまま固まっているような苦いコーヒーをぐっと飲みほして、銀座のレストランを後にしたのだった。

# 第十八話　年を取ったら丸くなるのか

人間は年を取ると丸くなるものなのだろうか。若い頃のようにすぐ腹を立てない。周囲の人たちに優しくなった。すっかり変わったねと言われる知人もいる。だが、それは少数派だろう。やっぱり大多数は、胸の内に角張った材木のような思いを積み重ねながら生きているはずだ。これだけは譲れない、削れないというかたくなな角材みたいなもの。

わが身を考えても、70歳を過ぎたあたりから、他人と喧嘩をすることは確かになくなった。例外的に怒ったり怒鳴ったりする相手は夫だけである。これはお互い様で、向こうもしょっちゅう文句をぶつけてくる。犬も食わないとはよく言ったものだ。

しかし、その場合は結末がわかっている小説を読むのと同じで、予想外の展開にはならない。その上に夫婦の喧嘩は長編小説ではなくて短編小説だ。打ち上げ花火みたいに大音量で爆ぜても、パッと終わる。延々花火が暴発し続けていたら、これは離婚するしかないわけだ。

近頃になってつくづくと思う。人間も自己主張出来るうちが元気な証拠ではないかと。きっぱりと私はこういう人間ですよと他人に示す姿勢は、年を取るほど重要になってくる。なぜなら、そうした方が、ストレスはたまらないし、人間関係も円滑に運ぶからだ。

さらには運も開けるのではないか。

卑近な例を挙げれば、ファッションなども自己主張の一つだ。不思議なことに、「私はお婆さんなのよ」と自分で思ったら、その途端に本当にお婆さんみたいになる。年齢相応の地味な色合い、そして体に楽な素材やデザインの服を選ぶ。そのためか、高齢の女性たちは自分が住んでいる環境の背景に溶け込むのが上手い。つまり目障りではないが、没個性にも見える。

私の友人で、長くパリに住んでいる60代のタカコさんは、長谷川町子の姪にあたる。旦那さんがフランス人で、もう成人した二人の子供がいる。彼女はお洒落の達人である。私はどうもパリ在住の日本女性で、いかに自分がセレブであるかをさかんにアピールしている有名人が好きになれない。

フランスのファッションや生活に、あまりにも露骨な憧れを示されると、共感を抱けなくなる。派手で豪華な社交界に身を置くフランス人はほんの一握りだろう。普通のフランス人は自分で工夫をして、ファッションだって、手頃な価格で気に入った服装、なにより自分に似合ったものを身につけている。食事も素材を生かした手料理が上手だ。

タカコさんの洗練されたお洒落を見る度に、他人に見せびらかすためではなくて、自分の個性を輝かせるためにこそファッションはあると感じる。もちろん、そこではセンスの良し悪しが一番の問題だ。

ファッションセンスが絶望的なほど欠如している私は、常に他人様に不快感を与えないようにとだけ心掛けてきた。特に還暦を超えたあたりから、その意識は強くなった。したがって、赤やピンクなど色彩の鮮やかな服なんて、もう何十年も着ていない。

だが、そこまで社会に迎合する必要が実際にあるのだろうか。むしろ、世間の縛りから自由になれることこそ、老人の特権ではないかと気がついた。

といって、誰かの結婚式とか葬儀とか、社会的な色合いが濃い会合で、とんでもない格好をするのは、もちろんルール違反である。今は、葬儀のための服装もずいぶんと自由になった。だからといって、参列者がブランド物の黒のパーティー・ドレスを身につけて得意がっていたら、これはなんとなくお気の毒に見える。この人は不祝儀用のちゃんとした喪服の用意もないのかと勘ぐってしまう。喪服とは、多くが葬儀にしか着用出来ないものである。いかに真摯に故人を悼む気持ちが強いかを表すものだ。かつては葬儀に出席する女性の喪服の黒の染め具合でどんな出自かがわかると言われた。喪服が着物ではなくなっても、葬儀用の黒のワンピースやスーツをきちんとオーダーする人は今も多い。

喪服談義はさて置くとして、プライベートな時間には、もう少し服装にも冒険をしてみたいと私が思ったのは、2カ月ほど前だ。久しぶりに菊地氏と再会してランチを一緒にした時である。菊地氏は以前にも登場してくれている。あの頃の菊地氏は79歳だったが、現在は82歳になった。

ある老人ホームに住んでいる。奥さんとは30年以上前に離婚して、それ以来独身だ。

彼は2年前に、ホームで知り合った淑子さんという女性と恋におちた。その淑子さんは彼より10歳年上である。ということは現在92歳である。

久しぶりに小さなフレンチのレストランでランチを共にしたのだが、菊地氏は少し困ったような、でも照れくさそうでもある笑顔を浮かべて言った。

「いやね、僕が10歳年上の女性と付き合っているって話すと、たいがいの友人は驚くんですよ。なんで？　どうして？　って。向こうが先に逝くことがわかっているのにってね」

それから菊地氏はこう続けた。

「でもね、淑子さんの方が僕よりずっと元気なんですよ。多分、僕の方が先にあの世に行っちゃうと思います」

真顔で彼がそう言うのには理由があった。5年前に菊地氏は膵臓がんを患っている。幸い医師の決断が早く、がんが発見された翌日にはもう開腹手術をした。私は自分の母が同じ病気で亡くなっているので知っているのだが、膵臓がんの手術は難しい。術後5年間の生存率がひどく低いのだ。母は術後1年くらいしかもたなかった。しかし、菊地氏の場合は手術が奏功して、今は残された膵臓だけで日常生活を送っている。糖尿病のための注射はしているが、それ以外はいたって元気そうだ。

淑子さんより10歳も若い菊地氏が先に亡くなるとは考えられなかった。

「いや、彼女は僕より外出しているんじゃないかな。もちろん、一人でどこでも行きますよ。

例えばって、そうねえゴルフも行くし社交ダンスのレッスンも参加しているし、油彩画のクラスにも通うし、乗馬も好きだね。友人の家を訪ねたりもして、非常にアクティヴなんです」

だから、菊地氏は相手が92歳でも、自分が取り残されるのではないかという心配は微塵もないという。それでも、いつどちらかが体調を崩すかは不安である。

「彼女と話しているんですよ。二人共じゅうぶん元気で、したいことが出来るうちに、やっておこうねって」

そこで二人のしたいこととは何かを尋ねてみた。

すると、今は、もっぱら旅行の相談をしているという答えが返ってきた。これまでも何回か小旅行には出掛けている。しかし、来年は思い切って世界一周のクルーズに行かないかと淑子さんが言い出した。およそ4カ月ほどかけて、あちこちの港に寄りながらの船旅だ。さらに彼女が提案したのは、長期間ずっと二人が同じ部屋で過ごすのは窮屈だろう。いくら広い部屋といっても船だから、一軒家のようなわけにはいかない。だから、それぞれ一人ずつ自分の部屋に滞在して、食事とか映画とか何かエンターテイメントを楽しむ時間は一緒に過ごす。でも、夜になって眠る時は自室に戻るというスタイルにしたいというのが彼女の希望らしい。

菊地氏の言葉に、私はちょっと意表を突かれた。船旅はなんとなくロマンチックな感じがする。恋愛中の二人が別々の部屋にステイするのは味気ないのではないか。それに費用だって2

倍かかる。

「そうねえ費用はね、淑子さんは自分の分は自分で払うって言っているんですよ。僕は彼女の分も払うつもりだったんだけど、断られました。この前、資料を取り寄せたら、バルコニーの付いた部屋で、一人約2000万円といったところかな。一番高い部屋から2、3番目くらいのクラスです。まあ、その点はかまわないんだけど、僕にとっては船旅の期間が長いのが実は心配なんですよ。だって病気になることも考えられるし、不安でしょ。それで僕が今迷っているわけ。淑子さんはすごく強気で、4カ月海上で過ごしてもいいし、途中で何かあって、重病になってもかまわないから行きたいって言っているんですけどね」

静かに微笑む菊地氏の前で、私は「はぁー」と言葉にならない相槌を打った。

私も昔から、いつか船旅をしたいと夢見てはいたけど、実際には2000万円なんて、とんでもない値段だ。200万円であっても私には無理だろう。そこに驚きはしたけれど、それ以上に感銘を受けたのは、自分の旅費は自分で用意するから、それぞれ別の部屋を予約しましょうと言う淑子さんの格好良さだった。こういう女性が私は好きだし尊敬する。

「つまり彼女は自立した女性なんですね」

私が確認すると菊地氏が嬉しそうにうなずいた。精神的にも経済的にも自立していなかったら、彼女のような発想は生まれない。これはダブルの部屋に割り勘で泊まるのとは違う。お互いに干渉されない時間を確保しながら、優雅な長旅を楽しみましょうねということである。

今の私は彼女の気持ちが少し理解できる。淑子さんほどの経済力はもちろんない。しかし、5年ほど前にマンションに引っ越した時に、夫婦の寝室を別々にすることに決めた。特に夫婦仲が軋んでいたわけではない。たまに小競り合いがある程度なのだが、同じ時間に寝て同じ時間に起きるのが面倒くさくなったのだ。私は年々動作がのろくなり、食事の支度から原稿書きまで、すべてに時間が掛かる。夜中に起きてパソコンを叩いていると、夫は気にする。さっさと昼間の間に仕事なんて終わらせろというわけだ。

それならいっそ部屋を別々にしましょうと私が言い出した。それを別寝と呼ぶのだと教えてくれたのは熟年の女性編集者さんだった。呼び名がちゃんとあるくらいだから、別寝はしっかり言葉としても習慣としても定着しているのだろう。ついでに私は自分の仕事場と寝室を一緒にしてみた。これがなんとも気楽な空間で、衣類や資料が散らかり放題でも、夫の目を気にしないですむ。夫婦喧嘩の回数は激減した。

菊地氏と淑子さんは同じホームで別々の部屋に住んでいる。しかし、毎日必ず一緒に食事をしているわけでもない。お互いに都合の良い時間に外食をしたり、ホームのレストランで食べたりする。タイミングが合わなければ、一人で食事をすることもある。それを淑子さんは特に寂しいと感じている様子はない。

二人の習い事なども同じ教室に通っているが、だからといって同じ時間に行くことに拘りはしない。といって、時間が合えばもちろん一緒に行く。

ある時、淑子さんからの電話が3日ほど途切れたことがあった。淑子さんが連絡をくれなかったのである。気になって菊地氏が理由を尋ねると、「私ちょっと沈んでいたのよ」との答えだった。それ以上、彼女は理由を言わない。菊地氏もしつこくさらに問い詰めなかった。

二人は、世に言う恋人同士である。だからといって、相手の行動のすべてを把握していなければ気がすまないというわけではないようだ。

菊地氏は、私には何も言わなかったが、やはり淑子さんが沈んでいたのは気になったようだ。「たまには喧嘩もするけど、僕たちはトゲトゲしい喧嘩にはならないんです」とぽつりと付け加えた。

あまり密にお互いの予定を尋ねたりしないための、行き違いもあった。菊地氏が前から見たいと思っていたミュージカルを、淑子さんは彼に声も掛けないで、さっさと一人で劇場に行ってしまった。その逆に、古い邦画をまとめて上映する映画館があって、菊地氏は毎週通っていたのだが、あれなら私も見たかったのにと後から知って淑子さんは残念がった。

「彼女は自分の意見をはっきり言う人なんです。だから控え目な女性というのとは違う。そこが面白いんです」

セックスに関しても、付き合い始めてそろそろ2年である。最近は二人共疲れを感じるようになった。以前ほど頻繁にセックスをしなくなった。

「どうだろう、20日間に1回くらいでいいんじゃないかな」と菊地氏が言ったら、彼女もこの頃のペースはちょっときつく感じていたと答える。

だからといって、淑子さんがセックスに消極的になっているわけではない。じゅうぶんに楽しんでいる。そろそろ20日くらいたつなと思ったら、菊地氏から誘う。いや、時には彼女から声を掛けて来ることもある。

「夜そちらに行っていいですか?」と尋ねるのだ。

そして、二人はセックスに大きな喜びを見出している。いい関係が続く秘訣の一つは、お互いにコミュニケーション能力が高い点が挙げられる。

これは私の勝手な思い込みかもしれないが、欧米の文化に比べると日本では常に相手の腹のうちを探る技術を要求されるようなところがある。特にセックスとなると、言葉で相手に何かを求めるのは失礼ではないかと気を遣う。いや、もしかしたら、今どきの若い人たちは違うかもしれない。少なくとも私の時代くらいまでは、セックスに関して女性が口にするのはタブーだった。

その点も淑子さんは92歳とは考えられないほどはっきりと自己主張をする。

「その角度だとちょっときつくて痛いから、枕を置いてくださる」とか、「そうね、この方が痛くないし、感じやすいわ」と知らせてくれる。

「そういう彼女の喋り方とかは若い人にはわからないだろうなと僕は思うんですよ」

菊地氏の説明に私は納得する。

高齢者になれば、性行為にはさまざまな努力が必要になる。その根底にあるのは相手に対する思い遣りだろう。残された時間が限られているからこそ、お互いに相手の気持ちに思いを寄せるのは素敵だ。

「例えばね、淑子さんは『今日はこの前の時みたいに燃えてないから、あなた中心でやってくださる』とか言うんですよ。とてもはっきりしている。そういうところが好きです」

本当に恋愛をここまで客観的に見て、自分の言葉で語る女性は珍しいだろう。

「この前、彼女と二人で芝居を見に行った時の写真ですよ」と菊地氏が二人のツーショットを見せてくれた。1枚は全身でもう1枚は顔のアップだ。淑子さんは黒のレザー調の布地のパンツルックだが、足が長くてスタイル抜群である。さらにアップの写真を見て驚嘆した。メイクが素人のものとは思えない。眉の書き方からアイシャドーの入れ方まで、実に上手いのだ。といって、人目を惹くような派手なメイクではない。髪型もショートで明るめの茶色に染めている。つまり、どこにもお婆さん臭さがないどころか、凛とした気力に満ちている。

写真でもすぐそれくらいわかるのだから、実物の彼女はさぞや美しい女性だろう。現役感が満載である。

よく考えてみれば、私は淑子さんがどんな人生を送って来たかは断片的にしか知らない。東京の山の手で育ち、普通に結婚したが、子供はいない。旦那さんも亡くなっている。それ以上の知識はないが、こんな女性がこの世に実在するのは嬉しいことだと思った。年を取ったら、丸くなる必要なんてないだろう。きっぱりと自己主張出来る女性ほど幸運のすぐ近くにいるに違いない。淑子さんは自分の魂に誠実である。だから、きちんと要求を言葉に出来る。その結果、彼女の魂も肉体も、さらに生命感を増してゆく。私は、92歳の輝きの真実に触れたような気がしたのだった。

# 第十九話　それぞれの女性たちの嫉妬

人間って、変われば変わるものだ。自分の性格についてである。

少し前だがハワイのマウイ島で山火事があった。もともとはハワイ王国の首都だったラハイナの古い町並みが、灰燼(かいじん)に帰したのである。多くの犠牲者も出た。

自然災害を前に、私たちはかくも無力なのかと思いながらテレビのニュース映像を見ていたら、隣で夫が呟いた。

「あんなに風情があっていい町だったのに。あの海沿いの通りはさ、潮風が抜けて気持ちがいいんだよね」

え？　と思った。この人はマウイに行ったことがあるのか。まったく知らなかった。もともと私たちは再婚同士で、ずいぶん年を取ってから一緒になった。だから自分が知らない夫の過去があるのはじゅうぶんに承知だった。そもそも、結婚する少し前に夫は大袈裟にもこう宣言した。

「僕はね、語るべき過去がないんだよ。大過去には多少のことはあった。しかし、近過去に関してはまったく清廉潔白だからね。これはもう見事なほど何もないです」

そんなことはどうでもいいと私は思った。

大過去だろうが近過去だろうが、何があってもかまわない。彼の昔の恋愛などは興味もないし聞こうとも思わなかった。聞いたって楽しいはずがない。

きわめて簡単に、「ああ、そうなの」と答えたのを覚えている。

ただ、マウイ島については、私はいつか行ってみたいとずっと思って、何度かその希望を夫に伝えたことがある。その度に夫に断られていた。「気が向かないね」と素っ気なく却下する。だから他のリゾート地には行ったが、マウイ島には縁がなかった。

なんで30年も過ぎてから、ラハイナの海岸通りがひょっこり出て来たのか。

夫はものすごく大過去の時代に、ある男性向けの雑誌で、ヌードグラビアを担当する編集者だった。私の記憶だと「平凡パンチ」を皮切りに次々と洒落た男性週刊誌が創刊された昭和40年前後のことである。彼はまだ20代の初めだった。特にスマートでも、もてるタイプでもないし、お金もなかった。モデルさんや芸能人といった派手な業種の女性には見向きもされなかったにちがいない。だから、その当時の浮いた噂や武勇伝などは誰からも耳にしたことはなかった。

それでも、今回のマウイ島はかすかに私のアンテナに引っ掛かった。

なにしろヌードのページを毎週手配するのが仕事だから大忙しだったという話はよく聞いた。毎回違ったモデルや景色を探すのである。しかも今の時代のように女性が簡単にはヌードになってくれなかった。もちろん事務所やマネージャーの意向も確認しなければならない。時には、娘さんの家族の同意も必要だ。

ある時期は、カメラマンとグアムに何カ月も滞在して、毎週東京から送り込まれて来るモデルを空港で迎えて、3、4日で仕事が終われば送り返す。翌日には、また次の女の子を出迎える。そんな日々を繰り返していたらしい。

有名な女優さんのヌード撮影となったら、遠くスペインの島まで行ったというのだからご苦労様だ。

とにかく、モデルが急に日焼けをして熱中症にならないように、撮影現場では日傘を差しかけたり、食事や飲料水の補給に走ったり、最後はモデルとマネージャーが免税店で買い物をするのを手伝ってから空港に送る。まるで雑用係のようなことをしていたわけだ。楽しいとはお世辞にも言えない肉体労働である。苦労話ばかり聞かされていたのだが、マウイ島を懐かしがる言葉を発した夫は、どこかいつもとは違った。その直後にはっとしたような顔をする。それから黙り込んだ。

大過去に恋人とラハイナに行ったのだろうか。それをうっかり思い出したから、自然と口からこぼれ出てしまった。82歳なんだから記憶に無防備になっているのは当り前かもしれない。そのこぼれたものを拭うように、夫は口の横をしきりに撫ぜた。

彼の慌てぶりはおかしかったが、もはや時効の成立している案件じゃないか。むしろ、気持ち良く回想に浸れる女性がいるなんて羨ましい限りだ。私なんて、昔の男はすべて思い出すのも嫌だ。考えたくもない。向こうもそうかもしれないけど、とことん愛想が尽きて別れた人ばっかり。もし偶然どこかで出くわしたら、蹴っ飛ばしたいような奴もいるくらいだ。

それにしても我ながら大人になったというか、バアサンになったものだとしみじみ感じた。今は誰か他の女の人に嫉妬心を抱くことが一切なくなった。いくらもてない男だとしても、もし若い頃に夫が他の女性と不倫をしたら、そりゃあはらわたが煮えくり返っただろう。でも、今はラハイナなんかに行ってと怒る気持ちはサラサラおきない。これは怪しいぞと気づきながらも、ふむふむと笑う余裕がある。なにしろ知り合う前のことだし。

この自分の性格の変化は、男性との関係性にあるのだろう。もはや肉体的な接触を伴わない男性としか付き合いがない。もちろん夫も含めてである。性的な対象が皆無の日々では、たとえ過去の出来事に対しても嫉妬の感情が湧かないものだと知った。

だが、すべての高齢女性が嫉妬をしないかというと、そう簡単ではない。以前、登場してくれたミエさんは80歳を過ぎていたが、同年代の恋人に妻がいることが判明すると猛烈に怒った。相手の男性に妻と自分とどちらを選ぶかを迫ったのである。しかし、彼の妻は老人ホームに一人でいて、足も不自由だから車椅子生活である。もう金婚式もとっくに過ぎているような妻に、離婚なんて切り出せないのは当然だろう。

ところが、ミエさんは納得しなかった。すでに書いたが、ミエさんは区役所で婚姻届を貰って来て、渋る恋人に強引に署名させたのである。なんという無茶振りかと驚いたが、いずれ彼の妻が亡くなった時に、その婚姻届を用意しておけば、すぐに区役所に提出できるのだとミエさんは得意そうだった。

そんな激しい嫉妬心が、まだ彼女の体内でとぐろを巻いている事実が、私の目には不気味に映った。もう人生の最終ラウンドを走っているのだから、そろそろ年齢相応に穏やかな恋愛をしたらどうだろう。ミエさんを見ていると、まるでボクシングの試合でもやっているように攻撃的じゃないかと、うそ寒い思いに襲われたものだ。

しかし、この3カ月くらいで、ミエさんの嫉妬心はさらに暴走を始めたらしい。電話で聞いただけなので、詳細は不明なのだが、なんと、彼女は恋人に、妻宛ての手紙を書くように求めたという。どんな手紙かというと、自分はミエさんという女性と巡り会って初めてセックスの喜びを知った。あなたとの生活ではけして得られなかった幸せだ。あなたは半身不随な上に自分より3歳年上の86歳だから、今から離婚するのは我慢するが、愛する人がいることは知らせておきたいという内容だという。

これは酷い、いくらなんでも酷すぎると私は思った。そもそもミエさんが大騒ぎするほど、二人の仲において、セックスが大きな比重を占めているのだろうか。私が彼女から聞いた限りでは、若い人に比べたら、きわめて淡々とした交わりである。むしろ彼はミエさんに食事や洗濯の世話をしてもらっているのが嬉しくて、セックスはおまけと言ったら失礼だが、彼女の機嫌を取るための手段のように見える。

いずれにしても、他人を傷つけるために執念を燃やすのは、どんな理由があってもやるべきではない。

だから、ミエさんの場合も、私は彼女に強く反対した。恋人の奥さんに自分の存在を知らせようと考えるミエさんの心根が、どうしても許せなかったからだ。それだけは絶対にやめてと、猛烈に抗議した。ミエさんは相当立腹したけれど、結局、「悪魔の手紙」を恋人に書かせるのは断念したらしい。後から共通の友人である久枝さんがおしえてくれた。ミエさんの意図を知って「悪魔の手紙」と呼んだのは、久枝さんだった。うまい表現をするものだと感心した。

この事件の後に、ふと思い当たった。嫉妬とは究極のところ、人間の復讐心を生むための装置なのではないかと。暴力や誹謗中傷も復讐心に根差すケースが多い。

私がなぜ、夫に対してまったく嫉妬心を持たないかといえば、もはや復讐をする必要のない存在だからだろう。もしも、彼が若くて、マスコミの最前線でバリバリ働いていて、実は不倫をしていたら、おのれどうしてくれようかとバキバキと指関節を鳴らしたかもしれない。だが今は、過去の女出入りに焼き餅を焼くほどこっちも暇ではない。

やっぱりこれは加齢を経た末の境地かと、妙な感慨に浸ったが、ミエさんのようなケースはけっこう多いと久枝さんは言っていた。老人ホームでは嫉妬が絡んだ事件は珍しくない、というより日常茶飯事だそうだ。

男女関係とは、ことほど左様に面倒なものなのだから自分の精神の安寧のためには、絶対に不倫はするべきではないと、私は若い人たちに、さかんに助言していた時期があった。あまりにもたくさん、不倫のどつぼに嵌(はま)ってしまった女性の知り合いが周囲にいたからだ。

「不倫ってね、結局は無駄なエネルギーだと思う。向こうがいつまでも妻と別れないのに待ってるなんて不毛でしょ。バカバカしいわよ」

とある女性に言ったことがある。彼女はもう12年も妻子持ちの男と付き合っていた。彼は子供が小学校を卒業したら妻と別れて君と結婚すると約束していたのだが、なんと子供は大学生になったのに、まだ決着がつかない。そんなのは、本気で妻と離婚するつもりじゃないからだろう。いつまでもあると思うな若さと美貌よ、さっさと別れた方がいいわよと彼女に忠告したら、猛烈に怒らせてしまった。

じゃあ、工藤さんは男を離婚させて今まで結婚してきたんですかと、キッとした眼差しで睨まれた。いや、別に男に離婚を強要したことなんて一度もないわよと、さすがに言い返したけれど、女心とは難しいものだ、余計なお節介はやめようと、この時に肝に銘じたのを憶えている。

私は嫉妬をして何か物事がうまく回転した経験なんて一度もない。むしろ、逆だった。嫉妬するほど、すべてが複雑になる。空回りになる。だから、そういう状況は初めから極力、避けて通った。

この判断は正解だったと思うのだが、最近、新聞の訃報欄に知人の名前をみつけて、あらためて頬杖をついて考え込んでしまった。

それは40年くらい前に、仕事を通して知り合った内藤さんという人の訃報だったからだ。私と同じ73歳だった。

彼はある有名企業に勤務していた。出世して副社長になっていたのを、私は新聞記事を読むまで知らなかった。

整った顔立ちで、ちょっと中世のお公家さんを思わせるような上品な雰囲気が漂う人だった。

私はその頃、物書きの仕事を始めたばかりで、とにかく毎日が楽しくて仕方なかった。取材のためにあちこち飛び回って、バンクーバーにある自宅にはほとんど戻らなかった。業を煮やした当時の夫から「僕は火事場泥棒みたいにウロウロと落ち着かない女性はいらない。ちゃんと家庭を守ってくれる妻と静かな生活を送りたいので離婚して下さい」という最後通告をファックスで受け取ったのは、37、38歳の時だったと思う。

ご無理ごもっともと納得して、離婚に同意した。

そのファックスが来た日に、たまたま内藤さんと食事の約束があった。彼とは恋愛関係ではなかったが、気が合う友達の一人だった。私のバンクーバーの家に遊びに来たこともあったくらいで、前の夫も彼を見て、「いい人だね」と感心してたちまち友達になった。

その晩、銀座のレストランで赤ワインにロールキャベツを食べていたら、何を思ったか、内藤さんが自分の出自について語り始めた。

もちろん食事中に私は、夫からきっぱり離婚したいと告げられたことなどは口にしなかった。可哀想な女だと思われたくないというちっぽけな見栄があったからだろう。

私は彼が千葉県の出身で東大の法学部を卒業したことは知っていた。それ以外の知識はなかったが、きっと教育者の息子さんじゃないかと勝手に想像していた。

「実は僕の生まれた家は田舎の農家で、すごく貧乏だったんです。だから、とても大学になんか行かせてもらえるはずじゃなかった」

ところが、彼は小学生の頃から突出して学校の成績が良かった。そこで担任の教師が間に立って、近郊の富豪の家の養子になる話をまとめた。内藤さんは三男だったので、実家からは反対の声も出なかった。

そのお陰で彼は東大に進学して、マスコミ関係の会社に就職できた。

昔は、そういう養子縁組があったと聞いたことはある。だが、実際に自分の知人の体験だと知って、私は不思議な思いにとらわれた。まだ小学生の子供は、急激な環境の変化にうまく順応できたのだろうか。成人してからは、どこまで養家に尽くす義務があるのだろうかとか、なんだか気になった。

彼によると、富豪の家には実子の男の子が二人いたので、特に一緒に暮らす義務もなかった。いわば奨学金を出すような気持ちで、彼の学費援助をしてくれただけだったという。

もっと詳しい経緯も話してくれたのだが、今はもう忘れてしまった。

私の前の夫は非常に才気走った話し方をする人だった。日本語も英語も、どこか相手をやり込めて嬉しがるような強いリズムがあった。それに比べて、自分の出自を語る内藤さんの声は、ゆっくりとあまり抑揚も付けない安定した音色だった。こちらの神経が休まるトーンだ。

「ああ、こんな人だったら、一緒に暮らしていて楽だろうな」とふと思った。そして、彼の妻はどんな人なのだろうと初めて気になり、思い切って尋ねてみた。

「奥さま、東大の同級生だった方ですか?」

「いや、そうじゃないんです。家内は同じ町の生まれで、高校を卒業して地元の化粧品屋に勤めていました」

「ああ、幼馴染でいらっしゃいますね」

「それもちょっと違うんですが」

言いかけて、内藤さんは視線をゆっくりと料理の皿の上におとした。困ったような表情だった。そして言葉を続けた。

「僕の妻はあんまり美人じゃないんです。本当に不美人なんです。それで結婚する時には僕は迷いました」

「何をおっしゃるんですか。そんなこと言うもんじゃありませんよ」

謙遜しているとしても、言っていいことと悪いことがある。プライベートな質問をした自分がいけなかったと私は後悔した。

「いや、本当なんです。僕は結婚する気持ちはなかったんですが、彼女が自殺未遂をしたんです。僕に誰か恋人がいると思ったんでしょう。そしてなんとか命を取り留めたんです」

「まさか」と言ったきり私は二の句が継げなかった。

「つまり、僕のために命を落とそうとしたんだと考えたら、彼女の好意を受け入れざるを得なかった」

なんと珍しいケースだろうと思った。そして、すぐに他の話題に変えた。間違えて通行禁止の道にちょっとだけ足を踏み入れたような気分だった。

あの時から、私と内藤さんは少しずつ疎遠になっていった。

でも、今になるとまた違った光景が見えてくる。内藤さんの妻は目に見えないライバルに激しく嫉妬して、自殺をはかった。紛れもなく嫉妬心に背中を強く押されたからだろう。そのお陰で、彼女は恋い焦がれていた内藤さんの妻の座を手に入れた。これは嫉妬が最終的に無敵のエネルギーを発揮して、自分の欲しいものを勝ち取った例ではないか。つまり嫉妬が人生においてプラスに作用したわけだ。

なるほど、男女の組み合わせって、簡単には割り切れないものだ。残念ながら若い頃の私は、そこまで嫉妬にもバラエティーがあるなんて考えもしなかった。不倫も自殺未遂も、長い人生における寄り道の一つなのかもしれない。私はどうやら、やたらと息せき切って、目の前の道を突っ走って来たようだ。今頃になって気づいても遅いけど、気づかなかったよりは良かっただろう。

# あとがき

もしかしたら本当の物語りは、この連載を書き終えた後から始まったのかもしれない。

あれからたった一年半しかたっていないのだが、『終の快楽』に登場して下さった女性たちの幾人かには、私が原稿執筆当時は予想もつかなかったような運命の激変があった。

自分のしなびた脳味噌には、どれほど少ないキャパしかないか。そして想像力が不足していたかを如実に痛感させられた。

振り返ってみると、本書は70代から90代の女性たちの性がテーマである。直接取材をさせてくれた方もいたし、人づてにしか話を聞けなかった方もいた。語るのを逡巡する人がいるのは当然だった。「いい年をしてみっともない」と言われるのではないかという不安が常に女性達にはつきまとっていた。

ところが、面白いことに、本書の連載（令和四年四月号から五年十二月号まで）が終わったあたりから、取材に応じてくれた女性達はもとより、見ず知らずの方も直接私に手紙を下さったり、メールで現在の気持ちを打ち明けてくれるケースが増えたのである。その理由は、彼女たちが自身の恋愛について、大きな心境の変化を感じたからに他ならない。簡単に言えば、何も恥じることはないという思いだった。高齢であるが故に世間から後ろ指をさされる必要はない。私は私だという信念のようなものが女性たちの言葉の端々から迸(ほとばし)り出ていた。

これは私にとっても新しい展開であり発見であった。

後書きになってしまったが、そのいくつかをここで紹介しておきたい。

まずは最初に登場したサヨ子さんについてだ。私は彼女のお姉さんのヒロミさんを知っていた。すべてはヒロミさんから聞いたエピソードである。

ざっとに述べると75歳のサヨ子さんは、年下で所帯持ちの男性と恋におちた。それが先方の妻の知るところとなり相手と別れざるを得なくなった。どうにもあきらめがつかない彼女は自殺未遂をはかるという最悪な結末に突き進んだ。

この時、妹のところへ駆け付けたのが1歳年上の姉のヒロミさんだった。そこでなんとも派手で奇妙な下着類をみつけてヒロミさんは驚嘆した。私も同じ感想であり、あの上品で淑やかなサヨ子さんがと信じられなかった。

ところが、一昨年の暮れ頃に実は別の真相が隠れていたとわかった。

それについてヒロミさんから話したいことがあると言われて、私は彼女と会った。

「工藤さん、わかったのよ、サヨ子のあのヘンチクリンな下着のこと。どうせならお知らせしておきたくてね」

それらの下着はものすごく派手な色で、あちこちに小さな穴が空いていた。その理由が私にもヒロミさんにもさっぱりわからなかったのだ。ちょっと調べたところでは、どうやら市販している品ではないらしい。

「それがね、驚くじゃない、サヨ子が自分で作ったって言うの。なんでなのって聞いたらね、だって全身を彼に見せるのは嫌だものって、まぁカマトトみたいなこと言うわけ。不倫していて何を今さらと腹が立ったわ」

それでも、私に話したいとヒロミさんが思ったのは、まさに奇想天外な言い訳があったからだ。

それは次のようなものだ。

まず女性も70歳を過ぎると、いくらスポーツジムに通っていても体形が崩れる。お風呂に入るたびにヒロミさんは悩んでいた。こんなにおっぱいもお尻も下がっちゃっている自分の姿を見たら、年下の彼はがっかりするのではないか。それならば、逆に年上の自分がリードしてしまう方がいい。

そう思い立ったヒロミさんは、過激な方法に出た。とにかく全裸を見せないと決めたのである。だから派手な色のパンティやブラジャーで自分にはきちきちのサイズを選び、乳首や大陰唇が見える部分だけをくり抜いて、自分で絹の糸でかがった。そして、性交の間も、けして下着を脱がないようにした。

「私はあきれはててサヨ子に聞いたのよ。なんでそんな、はしたないことまでしたのよって」

それに対する返事は、ある意味できわめてサヨ子さんらしいものだった。どうしても彼と一緒になりたかったからだという。つまり本気で相手と結婚したかったらしい。しかし露骨に離婚してくれとは言い出せなかったから、これでもかと彼女なりに二人の絆を深める方法を考えた。それが突飛な下着類だったというのである。

サヨ子さんがわざわざ教えてくれたのだから、おそらく真実だろう。

私は高齢者における性の思惑の奥深さに、この時はひどくたじろいだ。

第二話から何度も登場してくれたミエさんの身に起きた変化について書くのは気が重い。

彼女は82歳だった。自分の方から木村氏という男性との恋愛を語りたがった女性だ。初めの頃は悩みを、そして最後は自慢話が多かった。しかし、その心根はなんとも可愛らしくも見える女性である。日常生活における恋人や愛人が占める比重をあんなに大きくする女性がいるのかと驚いたほどだ。同時に恋愛や性愛に関する情熱に年齢は関係ないのだと知らされた。

彼女の恋人だった木村氏には老人ホームに住む妻がいた。独居の木村氏に妻がいることを知ったミエさんは猛烈に怒った。そして彼に結婚を迫った。正直に言って、その経緯を聞いただけで私は辟易した。もう80歳を過ぎて、なぜ彼の妻をそんなに敵視するのだろう。どうでもいいじゃないか。いかに限られた余生を心豊かに楽しく暮らすかの方がよほど大事だ。

しかし時間が限られているからこそ、愛情の証明としても結婚届を出したいと考える高齢女性は意外と多い。それは彼女たちが育った社会的な背景や、セックスに対する期待値の高さなどさまざまな理由があるのだろう。

取材を始めた当初の私は、70代から80代の女性があまりにセックスに拘ることは恥ずかしい、というような浅はかな見方しか出来なかった。きっと原稿にもその気持ちは投影されたことだろう。しかし、今は違った考えである。相手の男性との肉体的な接触に大きな意義を見出せるのは、高齢女性の特権かもしれない。なぜなら、普通の夫婦は、もうそんなことはどうでもよくなっている。そうじゃない人もいるかもしれないが、多くは平穏無事な生活があれば、それで満足している。

そして、若い人たちは高齢者に比べたらセックスのチャンスにずっと恵まれている。選択の幅が格段に広い。だから特別に執着しないともいえる。逆に高齢者はセックスという甘美な喜びを手に入れたら、なんとかそれを手放さないようにする。周囲に認知させたいとまで思うのは、人生における勝者の特権だと信じているからだろう。自己承認欲求は私が想像したよりはるかに大きかった。

　やや話が脱線するが、つい最近55歳の女性の友人に聞いた話を書き留めておきたい。

　ずっと独身の彼女は、86歳の父母と同居している。両親が同じ年なのは、中学生の時からの同級生だったためだ。もう75年くらいお互いを知っているし、喧嘩している姿も見たことがない。実に信頼感溢れる家庭で彼女は育った。ところが半年ほど前に、彼女の母親が肺炎になり1週間ほど入院した。その間に彼女は信じられないような光景を目撃する。

　同居する父親が毎晩、夜9時を過ぎると静かに家を抜け出してどこかへ行ってしまう。朝になると、いつもちゃんと戻っている。最初は徘徊を始めたのかと不安だったが、昼間話している限りでは、特に認知症の様子も見えない。

　4日目の夜、思い切って、そっと老父の後をつけてみた。すると、近くのコーヒー店で女性と待ち合わせてから、二人でラヴホテルへ入って行くのである。娘が腰を抜かさんばかりに驚いたのは言うまでもない。

　母親が退院して自宅に戻った後、彼女は思い切って父親を問い詰めた。いったい夜な夜などこへ行っていたのかと。

　初めは口を濁していた父親が、最後には白状した。あれは知っている女性とホテルに行ったからだと。

その後、「もちろん、ママは知らない。いや、もしかしたら知っているかもしれないが」と謎のような言葉を口走った。それ以上の具体的な事実はとうとう引き出せなかった。

思えば高齢の父親が変な女に狂っているとしたら大問題だ。後妻業の女ではないが、もし父親が遺言でも書かされていたら、いくら後悔しても追いつかない。考えあぐねた彼女は、この件を母親に相談することにした。夫婦なのだから、何かわだかまりを感じているかもしれない。娘に聞かれたら母親も正直に答えてくれるだろう。

母親に彼女が入院中の父親の行状を包み隠さず述べた。黙って下を向いて聞いていた母親が5分ほどでぱっと顔を上げた。

「ああ、彼女かもしれない。きっと私も良く知っている人よ」

なぜ母親は夫の愛人を知っているのだろうか。問われる前に母親が喋り出した。

「それはね、私達が中学生の頃の同級生の靖子さんだと思う。あの人もお父さんのことが好きでね、高校も同じだったから、もう家族みたいに三人仲良しだったのよ。大学からはそれぞれ別々になったけど。私は短大時代にお父さんとデートするようになって結婚したわけ。私達同じ地域の中学校に通ったから家もすぐ近所。だから私が結婚した後に、すぐ靖子さんも高校時代の同級生の男の子と結婚したの。なんとなく、お父さんの浮気相手って靖子さんのような気がするわ」

もちろん、私の友人は天地がひっくり返るほど驚いた。そんなことがあるのかと、母親不在の時に父親に優しく尋ねた。

するとまさに当たりだった。その上、父親は聞きもしないことまで打ち明けた。母親と結婚して1カ月後くらいに靖子さんと家の近くでばったり会った。彼女も結婚して、近所のマンションに住んでいるという。昔話に興じているうちに、なんとなく男女の仲になってしまった。しかし逢うのは1カ月に1回くらいのペースだった。ところが昨年の夏、靖子さんの旦那さんが急逝したため、あれこれと相談に乗ってあげるうちに逢う頻度が増えた。そうなってみると、母親が入院中は夜も一緒に過ごしてやりたいという気持ちに至ったという。

娘さんが唖然としたのは当然だ。それにしても愛人の耐用期限とは何年くらいのものなのだろう。少なくとも半世紀以上ふたりの不倫は続いていたわけだ。それでも相手に飽きないで、まだホテルに泊まるのは、娘さんにも私にも予想だに出来ない架空のドラマみたいだ。

やっぱり自分の高齢者の性に関する認識はかなり浅はかなものだったと、反省した。

ミエさんの話に戻ると、彼女はコロナ騒動が収束した頃に、ほんの僅かな段差に躓いて大腿骨を骨折した。入院中にお見舞いに行ったら、彼女の息子夫婦がいた。一度も息子さんの話を聞いたことがなかったので、50がらみのカップルに挨拶をされても私は何とも返しようがなかった。

それ以来、ミエさんは歩行が困難になった。退院しても外出がままならない状態が続いた。何度か電話で話したところでは、よほどの事情があるらしく絶対に嫁の手は借りたくないと断言していた。一人で部屋の中を赤ちゃんがハイハイするような格好で動いている。食べるものは息子やたまに木村氏も缶詰や飲料水を運んで来て、玄関の前に置いて帰る。息子は義理でやっているが、木村氏は自分を愛しているからだとミエさんは誇らしそうに繰り返した。しかし木村氏が去る足音を確認してから、ハイハイをして玄関のドアを開ける彼女の姿を想像すると、私はぎゅっと胸が締め付けられるような気がした。どうしても惨めな姿を彼には見せたくないのだろう。

私に電話をくれる時のミエさんの声は張りがあったので、きっと回復すると信じていたのだが、別れは突然にやってきた。

ミエさんと共通の友人である久枝さんからラインが届き、桜の花がほころび始めた頃にミエさんが亡くなったことを知った。息子さんが一人で見送って、簡略な葬儀をしたらしい。

将来を誓い合った木村氏のその後が気になったが、久枝さんの情報によるとミエさんが入院している間も彼は見舞いに来なかったそうだ。

先月、私と久枝さんは、ミエさんの冥福を祈って二人でささやかな偲ぶ会をした。

「でも、ミエさんは幸せな晩年だったと言えるんじゃない」と久枝さんが低い声で言った。

「そうね、80歳を過ぎてからドカンと大恋愛をして結婚こそ出来なかったけど、思いは遂げたんだから」

私はミエさんの押しの強さには正直なところ何度も呆れ返った。でも久枝さんに言われた。

「彼女はね、カレシがいることを音楽サークルのメンバー全員に喋りまくっていたし、その度に嫉妬と怨嗟の目で見られたけど、そんなことおかまいなし。後から聞いたんだけど、セックスの話も実況中継みたいに誰彼かまわずしていたみたい。この前サークルの女性の一人に会ったら、なにしろあの人、『今日はキスしちゃった』から始まって『今度は乳首をなんども吸ったりつまんだりするのよ』とみんなに知らせて、しばらくしたら『彼ってねクリトリスをゆっくり小刻みに触るのがそりゃ上手なのよ』と言ったり『どうしても膣に指を入れたいってきかないから、私特別な高いローションを買っちゃった』と大っぴらに自慢してたって。だからサークルの仲間たちからは総スカンだったらしいけど、あれもまあ煩悩に従った老後だったたってことね」

「そうねえ。結局あれだけ木村氏の奥さんのことで騒いでいたけど、何も実行には移さなかったし、デートの費用は預貯金でまかなえたんだし、考えてみたら、最後にパッと大きな花火を打ち上げたわけだ。私たちなんて線香花火だって無理だもんね」

とため息をついて、笑いあった。


あまりにも使い古された表現だが、とにかく世の中は日々変わってゆく。昭和25年生まれの私は、結婚するまで女性はセックスをしてはいけないと教え込まれて育った。

そうとは限らないと気づいたのは大学生くらいの時だった。それでも同棲というのは社会の規範から外れると思っていた。シングルマザーの知り合いもいなかった。

そして、50歳を過ぎた女性がセックスなどするとは夢にも考えられなかった。だいたい相手になる男性がいないだろうと思い込んでいた。

ところが50代の頃に更年期の女性の性をテーマに取材をしたら、驚くべき事実にぶち当たった。50代でも60代でも現役の女性たちがいくらでもいるのだ。しかし、閉経後の女性は膣が潤わなくなってセックスをするのは難しいということが定説となっていた。

そんな私の思い込みは、取材をすればするほど崩れていった。賢い女性たちはさまざまな工夫をしていた。ホルモン補充療法、ゼリー、定期的なセックスなどで、かなりの年齢になっても性交は可能だと知った。

10年ほど前になるが、ある女性からお手紙を頂いたことは今でも忘れられない。彼女は92歳になるが、戦争で亡くなったご主人の戦友が今でもずっと月に2回は訪ねて来る。まずは仏壇のご主人の位牌に手を合わせて頭を下げる。それから「これでご主人のお許しを頂きましたから」と言って彼女と同衾（どうきん）するそうだ。

この手紙の内容が嘘ではないことは、なんとも美しい筆跡からもわかった。戦前の女性でなければ書けない文体でもあった。半信半疑ながらも、私は高齢者が健康に性を楽しむ可能性があることを知った。

旅行やスポーツを楽しむ高齢者がたくさんいるようにセックスに喜びを見出す人がいるのも当り前には違いない。

連載の後半に登場してくれた澄子さんは68歳で、突然旦那さんが病に倒れた。二人共同じ事務所に所属して司法関係の仕事をしていた。それだけにパートナーの戦線離脱とその介護は彼女にとって大きな負担となった。

おそろしく美形で優秀な彼女の相談に乗っているうちに私はびっくりするような打ち明け話を何度もされた。

まず、まったく知らなかったのだが澄子さんにはルイ君という32歳のボーイフレンドがいた。独身のサラリーマンで、特に金銭目的で彼女と付き合っているわけではない。しかしデートの際の食事代やホテル代は当然澄子さんが払った。さらに時々は洋服や靴などをプレゼントしている。

「だってね、若いだけあってルイ君のセックスってすごいのよ。1回射精してもそのまんますぐに2回目も出来ちゃうの。この前なんて3回続けてよ」

まぁそれだけ自分がセクシーだと言いたいのかもしれないが、私はつまらなそうな顔をしてうなずいた。だって同性である私にセックス自慢をしてどうするのよと思うからだ。

その澄子さんにはもう一人別の愛人がいると聞かされた時はさすがに絶句した。その人は80歳で地位も名声も手に入れて悠々自適に暮らしている。彼女は旅行に誘われ高価なプレゼントまでされたが、どうも釈然としないものが残った。

簡単に言うと「これは恋ではない」と感じたらしい。どこかゲームのような振る舞いをする。それが不満で澄子さんは彼を切り捨てた。

「そうしたらね、彼がなんとしてももう一度会いたいって迫って来たの。なにしろお爺さんだから、暴力なんか振るったりはしないだろうと思っていつものホテルで会ってあげたわ。そしたらさ、なんと彼が本気を出して来たのよ。遊びじゃなくて本当にあなたに惚れているんだって言って、秋葉原で買ったバイブレーターを見せられた。ひゃって飛び上がりそうになっちゃった。紳士的な彼が、わざわざ自分で買いに行ったんですって。恥ずかしいし、やたらな人に頼めるものじゃないからって。でも行ってみたら年配の女のお客さんもたくさんいるし、皆さん、きわめて当り前の顔をしてショッピングをしていたんですって。

それで、これは面白いと思ったらさ、私たち今バイブにはまっちゃってるのよ。あれはいろんな種類があるし日進月歩で進化しているから研究の価値はあるわよ」

「ふーん、じゃあルイ君はやめてお爺ちゃん一人にしぼったの？」

「うん。私は仕事もあるし、主人の介護もあるから、二人の男と遊んでいる時間はない。それにさ、ただのセックスはそろそろ卒業する時期でしょ。どうせなら刺激に富んだ方がいいもの」

平然と彼女は言ってのけた。

そうか、最近は新聞、雑誌で「健康寿命」という表現をよく耳にする。つまりただ長生きするのではなくて、健康で長生きしなければ意味がないということ。

それだったら、健康でセックスも出来る上での長寿が一番めでたいということになるのか。たしかに、高齢者の女性が赤裸々にセックスライフを綴った本もあるけど、「どうよ私はこんなにいい女なのよ」というドヤ顔が文面から透けて見えて、私はなんだか興醒めする。

セックスなんて、他人に自慢するものじゃない。ひっそりと続けることに意味がある。そう思っていた私はどうやら間違っていたらしい。

いくら私が眉をひそめても今時の新しい高齢者の選択肢はどんどん増殖してゆく。女性たちが自由に華麗に老年を楽しむ時代が目の前に大きく横たわっている手応えを本書が少しでも伝えられたら嬉しい限りである。

この「家庭画報」の連載を単行本化するにあたっては、木原純子さんに大変お世話になった。また当初は編集長で、現在は総編集長になられた千葉由希子さんのご尽力にも心より感謝申し上げたい。

令和6年9月　工藤美代子

工藤美代子

くどう・みよこ　ノンフィクション作家。
チェコのカレル大学を経て、
カナダのコロンビア・カレッジを卒業。
1991年『工藤写真館の昭和』で
講談社ノンフィクション賞を受賞。
著書に『快楽―更年期からの性を生きる』
『快楽II―熟年性愛の対価』
『われ巣鴨に出頭せず―近衛文麿と天皇』
『女性皇族の結婚とは何か』など多数。

デザイン　平澤靖弘+jump
校正　株式会社円水社
企画編集　木原純子（世界文化社）

本書は『家庭画報』2022年4月号から
2023年12月号まで連載された
『潤う成熟世代 快楽（けらく）―最終章―』に
加筆修正したものです。
医師の勤務状況や、掲載商品の価格等は
変更されている場合があります。

熟年女性はここまで欲しい
終（つい）の快楽（けらく）
発行日　2024年11月10日　初版第1刷発行

著者　工藤美代子
発行者　千葉由希子
発行　株式会社世界文化社
〒102-8187
東京都千代田区九段北4-2-29
電話　03（3262）5117（編集部）
03（3262）5115（販売部）
DTP制作　株式会社明昌堂
印刷・製本　中央精版印刷株式会社

ISBN 978-4-418-24503-1